Annette Danielsen

Stricken für die Seele

16 stilvolle Strickmodelle
inspiriert von Fernost

INHALT

ABKÜRZUNGEN 4
VORWORT 5

BAMBUS 7
BUDDHA 15
KOKOSNUSS 23
BANANENBLÜTE 29
FISCH 35
MONSUN 41
GECKO 47
NATURSTRUKTUR 53
MUSCHEL 61
PORZELLAN 69
REIS 77
TEMPELBLUME 83
TROPISCHE FRÜCHTE 87
GLAUBE VERSETZT BERGE 95
TUK TUK 101
TROPENNACHT 109

MASCHENPROBE 115

ABKÜRZUNGEN

abh =	abheben
abk =	abketten
abn =	abnehmen/Abnahme
anschl =	anschlagen
aufstr =	aufstricken
beg =	beginnen
Fa =	Farbe
Fh =	die M abh mit dem Faden hinter der Arbeit
Fv =	die M abh mit dem Faden vor der Arbeit
Gr =	Größe
HinR =	Hinreihe
insg =	insgesamt
li =	links
M =	Masche
Nd =	Nadel
R =	Reihe
Rd =	Runde
re =	rechts
RM =	Randmasche
RückR =	Rückreihe
str =	stricken
U =	Umschlag (den Faden von vorne nach hinten über die rechte Nadel legen)
verschr =	verschränkt (verdreht)
verschr U =	den Faden von hinten nach vorne um die re Nd wickeln
wdh =	wiederholen
zun =	zunehmen/Zunahme
zus =	zusammen
zus str =	zusammenstricken
zw =	zwischen

KORREKTUREN: www.AnnetteD.dk
Die Korrekturen für die dänische Ausgabe wurden in der deutschen Ausgabe bereits berücksichtigt.

VERWENDETE GARNE
Informationen zu den Garnen finden Sie bei:
www.isagerstrik.dk.
Sie können die Garne und Bücher bei den dort empfohlenen Isager Geschäften in Deutschland kaufen.

VORWORT

„ÖSTLICH DER SONNE UND WESTLICH DES MONDES" – unvorstellbar weit weg!

Der dänische Liedermacher Sebastian hat das wunderschöne Lied „Østen for solen og vesten for månen" über Hodja fra Pjort gesungen, der von sieben stürmischen Winden getrieben immer weiter und weiter auf seinem fliegenden Teppich flog. Das Lied war in Dänemark in den Achtziger Jahren ein Ohrwurm.

Zu der Zeit war ich noch jung und plante meine erste Asienreise. So war es mein Traum, mich von sieben stürmischen Winden treiben zu lassen.
Bereits auf dieser ersten Asienreise ging es mir genau wie Hodja, der einfach nicht aufhören wollte, bis er die ganze Welt gesehen hatte.

So habe ich meinen Fuß das erste Mal 1987 auf asiatischen Boden gesetzt, und ich merkte sehr bald, dass ich meine „zweite Heirat" gefunden hatte. Als ich aus dem Flugzeug stieg und die schwüle, heiße Luft mit einem Hauch von erdigem Geruch einatmete – wusste ich, dass ich wieder hierhin zurückkommen würde.

Die Inspiration für ØSTEN FOR SOLEN stammt aus vielen Regionen, in denen ich in Asien unterwegs war. Es bedurfte bloß offener Augen und Sinne – und die Ideen kamen ganz von alleine. Asien ist schön und vielfältig. Es gibt große Armut, aber auch unglaublichen Reichtum. Beides ist heftig und schwer zu begreifen und zu verstehen. Aber Asien hat auch eine Fülle an menschlicher Nähe, Einfachheit und Gastfreundschaft. Wie glücklich kann man sich schätzen, inmitten von Armut die Augenblicke von Gastfreundschaft wahrzunehmen und sich darauf einzulassen.

Die Bilder für BANANENBLÜTE sind verbunden mit solch einem netten Erlebnis. Wir baten in Sri Lanka einen jungen Mann, uns in seinem Tuk Tuk zu den größten Bananenblüten zu bringen, die er für uns finden konnte. Er überlegte kurz – und legte dann los, um uns auf einer verschlungenen Staubstraße zu einer Bananenplantage zu bringen. Hier wurde durch uns der Plantagenarbeiter geweckt. Im Sarong und mit nacktem Bauch ließ er uns zwischen den Bananenstauden raus. Ein Affe huschte vorbei, erwischt bei seinem verbotenen Vorhaben, sich die Bananen schmecken zu lassen.

Ich machte meine Bilder – und obendrein gab es frischgepflückte Kokosnüsse zu Hause bei unserem Plantagenarbeiter. Das war ein wunderbarer Nachmittag. Kokosnüsse wurden von den Palmen geschüttelt, geöffnet und im Vorgarten serviert. Die ganze Familie kam dazu, denn es waren ja Gäste da.

Die Menschen, Religion, Kultur und Natur waren eine große Inspirationsquelle für mich. Ich hoffe, dass meine Inspirationsbilder für die Strickmodelle eine Vorstellung davon geben, was ich in meinen Strickmustern umgesetzt habe. Das beste Zitat von Hodja fra Pjorts Gesang ist ganz sicher: „…Keiner darf den Kindern ihre Fantasie stehlen …"
Ich hoffe, dass Ihr gute Strickerlebnisse habt – träumt Euch in Eure Strickarbeiten, das kann zu einem wunderbaren fliegenden Teppich werden.

Gute Reise wünscht
Annette Danielsen

Und nun noch ein herzlicher DANK an alle, die mir beigestanden haben.
Anne – für die Fotoaufbereitung.
Randi – für die fertige Ausgabe.
Signe – für die gründliche Überarbeitung.
Meine Mutter – für ihr unermüdliches Stricken.
Hans – fürs Durchhalten.

Auch ein großer Dank an diejenigen, die mir ihre Ohren für alle meine Überlegungen, Dilemmas und verrückten Ideen geliehen haben.

BAMBUS

Gr: S (M) L (XL)

Halbe Oberweite: 46 (49) 53 (56) cm
Schulterbreite: 32 (35) 37 (40) cm
Länge: 57 (58) 59 (60) cm
Innere Ärmellänge: 44 cm

MATERIAL
A: 200 (250) 250 (250) g Tvinni Farbe 56s
B: 6 Farben à 25 g z.B. Isager Highland Farbe Curry, Moss, Ocean, Turquise, Chocolat und Tvinni 60s.

9 Knöpfe

Rundnadel und Nadelspiel Nr. 2½ und 3.

Maschenprobe in glatt rechts mit Nd Nr. 3: 10 cm = 28 M und 36 R
Maschenprobe in Rippen: 3 M re – 3 M li mit Nd Nr. 3: 10 cm = 30 M und 36 R

Der Rücken wird quer mit Farbstreifen im Rippenmuster gestrickt. Er erhält erst nach der Wäsche seine endgültige Länge.
Das Vorderteil wird von unten nach oben glatt rechts und mit Zöpfen gestrickt.

Farbwechsel: Bei dem Wechsel zu einer anderen B–Farbe werden die Fadenenden aneinandergefilzt: Die Handflächen anfeuchten und dazwischen die Fäden reiben, bis die Enden aneinandergefilzt sind. Die Streifen in unterschiedlicher Breite str, jedoch nie breiter als 4 R.
Die Farbe nicht immer an der gleichen Stelle wechseln, sondern gerne auch mitten in der R. Auch A als Streifenfarbe verwenden.

Verschränkter Umschlag (verschr U): den Faden von hinten nach vorne über die re Nd legen.
1 neue M: Den Querfaden zwischen zwei M verdreht auf die linke Nd heben und re str.

RÜCKEN

117 M mit A und Nd Nr.3 anschl. Erste und letzte M immer re str = Knötchenrand.
Reihe 1 (RückR): 1 M re – 2 M li – *3 M re – 3 M li*. Von * bis * wdh. Enden mit: 3 M re – 2 M li – 1 M re.
In Streifen str.
Reihe 2: 3 M re – *3 M li – 3 M re*. Von * bis * wdh.

OBERER KEIL (über der Taille)

Reihe 1 (RückR): 6 M in Rippen. Wenden.
Reihe 2: 1 verschr U auf die re Nd. 6 M in Rippen zurück str.
Reihe 3: 6 M in Rippen – 2 M li verschr zus – 5 M in Rippen. Wenden.
Reihe 4: 1 verschr U. 11 M in Rippen – 2 M aus der letzten M herausstr.

Reihe 5: 13 M in Rippen – 2 M li verschr zus – 5 M in Rippen. Wenden.
Reihe 6: 1 verschr U. 18 M in Rippen – 2 M aus letzter M str.
Reihe 7: 20 M in Rippen – 2 M li verschr zus – 5 M in Rippen. Wenden.
Reihe 8: 1 verschr U – 25 M in Rippen – 2 M aus letzter M.
Reihe 9: 27 M in Rippen – 2 M li verschr zus – 5 M in Rippen. Wenden.

Reihe 10: 1 verschr U – 32 M in Rippen – 2 M aus letzter M str.

Reihe 11: 34 M in Rippen – 2 M li verschr zus – 5 M in Rippen. Wenden.
Reihe 12: 1 verschr U – 40 M in Rippen – 2 M in Verlängerung der R anschl.
Reihe 13: 42 M in Rippen – 2 M li verschr zus – 5 M in Rippen. Wenden.
Reihe 14: 1 verschr U – 48 M in Rippen – 2 M in Verlängerung der R anschl.
Reihe 15: 50 M in Rippen – 2 M li verschr zus – 74 M in Rippen.

UNTERER KEIL (unter der Taille)

Reihe 1 (HinR): 18 M in Rippen. Wenden.
Reihe 2: 1 verschr U – 18 M in Rippen.
Reihe 3: 18 M in Rippen – 2 M re zus – 11 M in Rippen. Wenden.
Reihe 4: 1 verschr U – 30 M in Rippen.
Reihe 5: 30 M in Rippen – 2 M re zus – 5 M in Rippen. Wenden.
Reihe 6: 1 verschr U – 36 M in Rippen.

Weiterhin die U mit der nächsten M re zus str – 5 M str und wenden, bis in der RückR 66 M gestr werden.
66 M in Rippen – 2 M re zus – 58 M in Rippen – 2 M in Verlängerung der R anschl = 127 M.

Über alle M auf der Nd str und gleichzeitig neue M für den Armausschnitt anschl.
In Verlängerung der HinR insg 1 (1) 2 (2) Mal 2 M anschl = 129 (129) 131 (131) M.
In Verlängerung der R insg 3 (3) 4 (4) Mal 3 M anschl = 138 (138) 143 (143) M.
In Verlängerung der R 33 (33) 34 (40) M anschl = 171 (171) 177 (183) M.

SCHULTER

Reihe 1 (RückR): 1 M re – 2 M li – *3 M re – 3 M li*. Von * bis * wdh. Enden mit: 3 M re – 2 M li – 1 M re.
Reihe 2: 3 M re – *3 M li – 3 M re*. Von * bis * wdh. Insg 34 (38) 42 (46) R in Rippen str.

NACKEN

In Verlängerung der HinR 54 M anschl = 225 (225) 231 (237) M.
Reihe 1 (RückR): 1 M re – 2 M li – *3 M re – 3 M li*. Von * bis * wdh. Enden mit: 3 M re – 2 M li – 1 M re.
Reihe 2: 3 M re – *3 M li – 3 M re*. Von * bis * wdh.

1. NACKENKEIL

Reihe 1 (RückR): 6 M in Rippen. Wenden.
Reihe 2: 1 verschr U – 6 M in Rippen.
Reihe 3: 6 M in Rippen – 2 M li zus – 5 M in Rippen. Wenden.
Reihe 4: 1 verschr U – 12 M in Rippen.
Reihe 5: 12 M in Rippen – 2 M li zus – 5 M in Rippen. Wenden.
Reihe 6: 1 U – 18 M in Rippen.

Weiterhin die U mit der nächsten M li zus str – 5 weitere M str und wenden, bis es in der RückR 54 M sind.
54 M in Rippen str – 2 M li zus – 170 (170) 176 (182) M in Rippen.

44 (48) 48 (52) R in Rippen über alle M str.

2. NACKENKEIL

Reihe 1: 54 M in Rippen. Wenden.
Reihe 2: 1 verschr U – 54 M in Rippen.
Reihe 3: 48 M in Rippen. Wenden.
Reihe 4: 1 verschr U – 48 M in Rippen.
Reihe 5: 42 M in Rippen. Wenden.
Reihe 6: 1 verschr U – 42 M in Rippen.

Weiterhin 6 M vor der letzten Wende wenden, bis es 6 M in der RückR sind.
Mit A einen Streifen str: 6 M in Rippen str – *2 M li zus – 5 M in Ripppen*. Von * bis * wdh, bis alle U mit der nächsten M li zus gestr sind – die R zu Ende str.

1 R in Rippen str.
Die 54 Nackenmaschen abk – die R zu Ende str = 171 (171) 177 (183) M.
Zurück zu einer anderen B–Farbe wechseln und in Streifen weiterstricken.

33 (37) 41 (45) R in Rippen str.

Am Anfang der RückR für den rechten Armausschnitt abk.
33 (33) 34 (40) M abk = 138 (138) 143 (143) M.
3 (3) 4 (4) Mal 3 M abk = 129 (129) 131 (131) M.
Danach 2 (2) 3 (3) Mal 2 M abk = 125 M.

UNTERER KEIL

Reihe 1: 66 M in Rippen. Wenden.
Reihe 2: 1 verschr U – 66 M in Rippen.
Reihe 3: 60 M in Rippen. Wenden.
Reihe 4: 1 verschr U – 60 M in Rippen.
Reihe 5: 54 M in Rippen. Wenden.
Reihe 6: 1 verschr U – 54 M in Rippen.

Weiterhin 6 M vor der letzten Wende wenden, bis es 30 M in der RückR sind.
18 M in Rippen str = 12 M vor dem letzten U. Wenden – 18 M in Rippen str.
Bis zum U in Rippen str – den U mit der nächsten M re zus str. Wdh, bis keine U mehr übrig sind – die R zu Ende str.

OBERER KEIL

Reihe 1: 2 M abk – 48 M in Rippen str (die erste M ist bereits auf der Nd). Wenden.
Reihe 2: 1 verschr U – 48 M in Rippen str.
Reihe 3: 2 M abk – 40 M in Rippen str (die erste M ist bereits auf der Nd). Wenden.
Reihe 4: 1 verschr U – 40 M in Rippen str.
Reihe 5: 1 M abk – 33 M in Rippen str (die erste M ist bereits auf der Nd). Wenden.
Reihe 6: 1 verschr U – 33 M in Rippen str.
Reihe 7: 1 M abk – 26 M in Rippen str (die erste M ist bereits auf der Nd). Wenden.
Reihe 8: 1 verschr U – 26 M in Rippen str.
Reihe 9: 1 M abk – 19 M in Rippen str (die erste M ist bereits auf der Nd). Wenden.
Reihe 10: 1 verschr U – 19 M in Rippen str.
Reihe 11: 1 M abk – 12 M in Rippen str (die erste M ist bereits auf der Nd). Wenden.
Reihe 12: 1 verschr U – 12 M in Rippen str.
Reihe 13: 6 M in Rippen str. Wenden.
Reihe 14: 1 verschr U – 6 M in Rippen str = 117 M.

Zu A wechseln: 6 M in Rippen str – *2 M li verschr zus – 5 M in Rippen str*. Von * bis * wdh, bis alle U mit der nächsten M li verschr zus gestr sind – die R zu Ende str. 2 R in Rippen mit A str. Alle M abk.

LINKES VORDERTEIL

66 (74) 82 (90) M mit A und Nd Nr. 2½ anschl. In R hin und her str.
Reihe 1 (RückR): 1 M abh mit dem Faden vor der Arbeit = 1 M abh Fv – *2 M li – 2 M re*. Von * bis * wdh. Enden mit: 1 M re.
Reihe 2: 1 M re – *2 M li – 2 M re*. Von * bis * wdh. Enden mit: 1 M re.
Reihe 3: Wie Reihe 1.
Reihe 4: Wie Reihe 2.
Reihe 5: Wie Reihe 1.
Reihe 6 mit ZUNAHME: 3 M re – *1 neue M verschr aus dem Querfaden zwischen den M herausstr – 4 M re*. Von * bis * wdh, bis noch 11 M übrig sind. 1 neue M str – 2 M re – 2 M li – 2 M re – 2 M li – 3 M re = 80 (90) 100 (110) M.

MUSTER

A = 3 M auf eine Hilfsnd vor die Arbeit legen. 3 M re str – die 3 M von der Hilfsnd re str.

Zu Nd Nr. 3 wechseln.
Reihe 1 (RückR): 1 M abh Fv – 2 M li – 2 M re – 2 M li – 2 M re – 70 (80) 90 (100) M li – 1 M re.
Reihe 2: 71 (81) 91 (101) M re – 2 M li – 2 M re – 2 M li – 3 M re.
Reihe 3: Wie Reihe 1.
Reihe 4: Wie Reihe 2.
Reihe 5: Wie Reihe 1.
Reihe 6 mit Zöpfen: 3 M re – *A – 4 M re*. Von * bis * wdh. Enden mit: A – 2 M re – 2 M li – 2 M re – 2 M li – 3 M re.
Reihe 7: Wie Reihe 1.
Reihe 8: Wie Reihe 2.

Reihe 1 – Reihe 8 wdh, bis insg 6 Zopfreihen gestr sind.

Reihe 1 – Reihe 5 str.
Die Arbeit misst ca. 16 cm.

Reihe 6 mit der 7. Zopfreihe und der 1. ABNAHME str. Dafür nach den ersten 5 Zöpfen 2 M re zus str:
3 M re str – *A – 2 M re zus – 2 M re*. Von * bis * insg 5 Mal str.
Gr. S: Enden mit: A – 4 M re – A – 2 M re – 2 M li – 2 M re – 2 M li – 3 M re = 75 M.
Gr. (M): Enden mit: A – 4 M re – A – 4 M re – A – 2 M re – 2 M li – 2 M re – 2 M li – 3 M re = 85 M.
Gr. L: Enden mit: A – 4 M re – A – 4 M re – A – 4 M re – A – 2 M re – 2 M li – 2 M re – 2 M li – 3 M re = 95 M.
Gr. (XL): Enden mit: A – 4 M re – A – 4 M re – A – 4 M re – A – 4 M re – A – 2 M re – 2 M li – 2 M re – 2 M li – 3 M re = 105 M.

8. Zopfreihe: Nach den ersten 5 Zöpfen nur 3 M str.

9. Zopfreihe und 2. ABNAHME: dafür nach den ersten 5 Zöpfen 2 M re zus str:
3 M re str – *A – 2 M re zus – 1 M re*. Von * bis * insg 5 Mal str. Die R wie nach der **1.** ABNAHME beenden = 70 (80) 90 (100) M.
Die Arbeit misst ca. 20 cm.

10. Zopfreihe: Nach den ersten 5 Zöpfen nur 2 M str.
11. Zopfreihe: Wie 10. Zopfreihe.

12. Zopfreihe und 1. ZUNAHME, dafür nach den ersten 5 Zöpfen 1 neue M str: 3 M re str – *A – 1 neue M – 2 M re*. Von * bis * insg 5 Mal str.
Die R wie nach der ABNAHME beenden = 75 (85) 95 (105) M.
Die Arbeit misst ca. 27 cm.

13. Zopfreihe: Nach den ersten 5 Zöpfen 3 M str.
14. Zopfreihe und 2. ZUNAHME, dafür nach den ersten 5 Zöpfen 1 neue M str: 3 M re str – *A – 1 neue M – 3 M re*. Von * bis * insg 5 Mal str.
Die R wie nach der ABNAHME beenden = 80 (90) 100 (110) M.
Die Arbeit misst ca. 31 cm.

Eine 15., 16. und 17. Zopfreihe str.
Nach der 17. Zopfreihe noch 3 R str.
Die Arbeit misst ca. 39 cm.

Für den Armausschnitt am Anfang der HinR M abk.
Die Zöpfe solange str, wie noch M dafür vorhanden sind.
1 (1) 2 (2) Mal 4 M abk = 76 (86) 92 (102) M.
2 (2) 2 (3) Mal 3 M abk = 70 (80) 86 (93) M.
3 (3) 4 (4) Mal 2 M abk = 64 (74) 78 (85) M.
6 (6) 6 (5) Mal 1 M abk = 58 (68) 72 (80) M.

1 R str.
Der Armausschnitt misst ca. 7 (7) 8 (8) cm.

Für den Halsausschnitt keine M abk sondern mit Wenden str. An der Ärmelseite beg.
Reihe 1: 49 (59) 63 (71) M str. Wenden.
Reihe 2: 1 verschr U – 49 (59) 63 (71) M.
Reihe 3: 45 (54) 58 (65) M. Wenden.
Reihe 4: 1 verschr U – 45 (54) 58 (65) M.
Reihe 5: 42 (50) 54 (60) M. Wenden.
Reihe 6: 1 verschr U – 42 (50) 54 (60) M.
Reihe 7: 40 (47) 51 (55) M. Wenden.
Reihe 8: 1 verschr U – 39 (47) 51 (55) M.
Reihe 9: 38 (44) 48 (51) M. Wenden.
Reihe 10: 1 verschr U – 37 (44) 48 (51) M.
Reihe 11: 36 (42) 45 (48) M. Wenden.
Reihe 12: 1 verschr U – 35 (42) 45 (48) M.
Reihe 13: 34 (40) 43 (46) M. Wenden.
Reihe 14: 1 verschr U – 34 (40) 43 (46) M.
Reihe 15: 33 (38) 41 (44) M. Wenden.
Reihe 16: 1 verschr U – 33 (38) 41 (44) M.
Reihe 17: 32 (37) 40 (43) M. Wenden.
Reihe 18: 1 verschr U – 32 (37) 40 (43) M.

Weiterhin 1 M vor dem U wenden, bis 30 (34) 36 (38) M auf der Nd sind. Nach der letzten Wende KEINEN U auf die Nd nehmen.

Der Armausschnitt misst ca. 13 (14) 15 (16) cm. Über die restl 30 (34) 36 (38) M 16 (16) 18 (18) R str. Die M abk.
Der Armausschnitt misst ca. 17 (19) 20 (21) cm.

LINKER KRAGEN
Von der Außenseite mit Fa A und Nd Nr. 3 M aus dem gerade hoch gestrickten Halsausschnitt herausstr.
An der Schulter beg: 14 (12) 14 (16) M herausstr – die erste M, die von den Wenden noch auf der Nd ist, str.
Den U mit der nächsten M re zus str. Weiterhin die U mit der nächsten M zus str. Sind vor dem U noch M, werden diese re gestr. Den letzten U mit der nächsten M li zus str.
Die R zu Ende str = 42 (46) 50 (58) M.

Reihe 1: 1 M abh Fv – *2 M li – 2 M re*. Von * bis * wdh. Enden mit: 1 M re.
Reihe 2: 1 M re – *2 M li – 2 M re*. Von * bis * wdh. Enden mit: 1 M re.
5 R in Rippen str. Die letzte R ist eine Reihe 1.

Die Jackeninnenseite wird zur Kragenaussenseite.
Durch die Zunahmen werden die Links–Rillen an der Kragenaussenseite breiter.
In Rippen, mit der abgehobenen M am vorderen Rand und dem Knötchenrand an der Schulterseite weiterstr.

1. ZUNAHME an der Schulter: 9 (5) 9 (9) M in Rippen – *1 neue M re – 8 M in Rippen*. Von * bis * wdh. Enden mit: 1 neue M re – 9 M in Rippen = 46 (51) 55 (64) M.
5 R in Rippen str.

2. ZUNAHME: 5 (1) 5 (5) M in Rippen – *1 neue M re – 9 M in Rippen*. Von * bis * wdh. Enden mit: 1 neue M re – 5 M in Rippen = 51 (57) 61 (71) M.
5 R in Rippen str.

3. ZUNAHME: 11 (7) 11 (11) M in Rippen – *1 neue M re – 10 M in Rippen*. Von * bis * wdh. Enden mit: 1 neue M re – 10 M in Rippen = 55 (62) 66 (77) M.
5 R in Rippen str.

4. ZUNAHME: 6 (2) 6 (6) M in Rippen – *1 neue M re – 11 M in Rippen*. Von * bis * wdh. Enden mit: 1 neue M re – 5 M in Rippen = 60 (68) 72 (84) M.

9 R in Rippen str. Kragen = 10 cm.

Mit Wenden str, damit der Kragen im Rücken höher wird.

Ab der Schulter str.
Reihe 1: 52 (52) 58 (58) M in Rippen str. Wenden.
Reihe 2: 1 verschr U – 52 (52) 58 (58) M in Rippen.
Reihe 3: 46 (46) 52 (52) M in Rippen. Wenden.
Reihe 4: 1 verschr U – 46 (46) 52 (52) M in Rippen.
Reihe 5: 40 (40) 46 (46) M in Rippen. Wenden.
Reihe 6: 1 verschr U – 40 (40) 46 (46) M in Rippen.
Weiterhin 6 M vor der letzten Wende wenden, bis in der RückR 10 (10) 16 (16) M sind.

Alle U mit der nächsten M re zus str – die R zu Ende str.
In Rippen abk.

RECHTES VORDERTEIL
66 (74) 82 (90) M mit A und Nd Nr. 2½ anschl.
In R hin und her str.
Reihe 1 (RückR): 1 M re – *2 M re – 2 M li*. Von * bis * wdh. Enden mit: 1 M re.
Reihe 2: 1 M abh Fv – *2 M re – 2 M li*. Von * bis * wdh. Enden mit: 1 M re.
Reihe 3: Wie Reihe 1.
Reihe 4: Wie Reihe 2.
Reihe 5: Wie Reihe 1.
Reihe 6 mit ZUNAHME: 1 M abh Fv – 2 M re – 2 M li – 2 M re – 2 M li – 2 M re – *1 neue M verschr aus dem Querfaden zw den M heraus str – 4 M re*. Von * bis * wdh. Enden mit: 1 neue M – 3 M re = 80 (90) 100 (110) M.

Zu Nd Nr. 3 wechseln.
Reihe 1 (Rückr): 1 M re – 70 (80) 90 (100) M li – 2 M re – 2 M li – 2 M re – 2 M li – 1 M re.
Reihe 2: 1 M abh Fv – 2 M re – 2 M li – 2 M re – 2 M li – 71 (81) 91 (101) M re.
Reihe 3: Wie Reihe 1.
Reihe 4: Wie Reihe 2.
Reihe 5: Wie Reihe 1.
Reihe 6 mit Zöpfen und 1. KNOPFLOCH: 1 M abh Fv – 1 M re – 2 M re zus – 2 neue M anschl – 2 M re zus – 1 M re – 2 M li – 2 M re – *A – 4 M re*. Von * bis * wdh.
Enden mit: A – 3 M re.
Reihe 7: Wie Reihe 1.
Reihe 8: Wie Reihe 2.

Reihe 1 – Reihe 8 wdh, bis 3 Zopfreihen gestr sind.
Das 2. KNOPFLOCH gleichzeitig mit der 4. Zopfreihe str.
Reihe 1 – Reihe 8 wdh, bis 6 Zopfreihen gestr sind.

Reihe 1 – Reihe 5 str.

Die Arbeit misst ca. 16 cm.

Reihe 6 mit 7. Zöpfen, 3. KNOPFLOCH und 1. ABNAHME str, dafür vor den letzten 5 Zöpfen 2 M re zus str:
Gr. S: 1 M abh Fv – 1 M re – 2 M re zus – 2 neue M anschl – 2 M re zus – 1 M re – 2 M li – 2 M re – A – 4 M re.
Gr. (M): 1 M abh Fv – 1 M re – 2 M re zus – 2 neue M anschl – 2 M re zus – 1 M re – 2 M li – 2 M re – A – 4 M re – A – 4 M re.
Gr. L: 1 M abh Fv – 1 M re – 2 M re zus – 2 neue M anschl – 2 M re zus – 1 M re – 2 M li – 2 M re – A – 4 M re – A – 4 M re – A – 4 M re.
Gr. (XL): 1 M abh Fv – 1 M re – 2 M re zus – 2 neue M anschl – 2 M re zus – 1 M re – 2 M li – 2 M re – A – 4 M re – A – 4 M re – A – 4 M re – A – 4 M re.

Weiter str mit *A – 2 M re – 2 M re zus*. Von * bis * insg 5 Mal str. Enden mit: A – 3 M re = 75 (85) 95 (105) M.

8. Zopfreihe: Vor den letzten 5 Zöpfen 3 M str.
9. Zopfreihe: 2. ABNAHME vor den letzten 5 Zöpfen str.
10. Zopfreihe: Das 4. KNOPFLOCH str. Vor den letzten 5 Zöpfen 2 M str.
11. Zopfreihe: Vor den letzten 5 Zöpfen 2 M str.
12. Zopfreihe: Die 1. ZUNAHME vor den letzten 5 Zöpfen str.
13. Zopfreihe: Das 5. KNOPFLOCH str. Vor den letzten 5 Zöpfen 3 M str.
14. Zopfreihe: Die 2. ZUNAHME vor den letzten 5 Zöpfen str.

Das 6. KNOPFLOCH gleichzeitig mit der 16. Zopfreihe str.

Für den Armausschnitt 2 R nach der 17. Zopfreihe in einer RückR M abk, wie am LINKEN VORDERTEIL.

Das letzte KNOPFLOCH gleichzeitig mit der 19. Zopfreihe str.

Mit Wenden wie am LINKEN VORDERTEIL str.

Noch 17 (17) 19 (19) R bis zum Abk str.

RECHTER KRAGEN
8 M in Rippen str – die nächste M mit dem U li zus str – bis zu der M vor dem U re str, diese mit dem U re verschr zus str.
In Verlängerung der Reihe 14 (12) 14 (16) M anschl = 42 (46) 50 (58) M.
Mit einer Reihe 2 in Rippen beg.

Reihe 1: 1 M abh Fv – *2 M re – 2 M li*. Von * bis * wdh. Enden mit: 1 M re.
Reihe 2: 3 M re – *2 M li – 2 M re*. Von * bis * wdh. Enden mit: 2 M li – 1 M re.
5 R Rippen str. Die letzte R ist eine Reihe 1.

Weiter in Rippen str, mit der abgehobenen M am vorderen Rand und dem Knötchenrand an der Schulterseite.
1. ZUNAHME am vorderen Rand: 1 M abh Fv – 8 M in Rippen – *1 neue M re – 8 M in Rippen*. Von * bis * wdh. Enden mit: 1 neue M re – 9 (5) 9 (9) M in Rippen = 46 (51) 55 (64) M.
5 R Rippen str.
2. ZUNAHME: 1 M abh Fv – 4 M in Rippen – *1 neue M re – 9 M in Rippen*. Von * bis * wdh. Enden mit: 1 neue M re – 5 (1) 5 (5) M in Rippen = 51 (57) 61 (71) M.
5 R in Rippen.
3. ZUNAHME: 1 M abh Fv – 9 M in Rippen – *1 neue M re – 10 M in Rippen*. Von * bis * wdh. Enden mit: 1 neue M re – 11 (7) 11 (11) M in Rippen = 55 (62) 66 (77) M.
5 R in Rippen.
4. ZUNAHME: 1 M abh Fv – 4 M in Rippen – *1 neue M re – 11 M in Rippen*. Von * bis * wdh. Enden mit: 1 neue M re – 6 (2) 6 (6) M in Rippen = 60 (68) 72 (84) M.

10 R in Rippen. Kragen = 10 cm.

Ab Schulter wie an der anderen Seite mit Wenden str, aber hier die U mit den folgenden M li zus str.

ÄRMEL
56 (60) 64 (68) M mit Nadelspiel Nr. 2½ anschl.
5 Rd in Rippen str: *2 M re – 2 M li*. Von * bis * wdh.
Zu Nadelspiel Nr. 3 wechseln.
ZUNAHME: 2 (4) 2 (4) M re – *1 neue M verschr aus dem Querfaden zw den M herausstr – 4 M re*. Von * bis * wdh. Enden mit 1 neue M – 2 (4) 2 (4) M re = 70 (74) 80 (84) M.

MUSTER
5 Rd re str.
Rd 6 mit Zöpfen: 1 M re – 1 neue M – 1 (3) 1 (3) M re – *A – 4 M re*. Von * bis * wdh. Enden mit: A – 1 (3) 1 (3) M re – 1 neue M – 1 M re = 72 (76) 82 (86) M.
2 Rd re str.

Die Zun gleichzeitig mit den Zöpfen in jeder 8. Rd wdh, bis es 100 (106) 112 (118) M sind.
Die neuen M sobald wie möglich in das Muster einfügen.

Weiterstr, bis der Ärmel 44 cm misst.
Enden mit einer ungeraden Anzahl Rd nach einer Zopfreihe.

Den Arm für die Armkugel teilen und dafür am Anfang der R 3 M abk.
Die R zu Ende str und wenden. Auch am Anfang der RückR 3 M abk = 94 (100) 106 (112) M.

In R hin und her str.
Das Muster so lange wie möglich fortsetzen.
Wenn am Anfang der R nicht genügend M für einen Zopf sind, wird der Zopf auch am Ende der R nicht gestr, auch wenn hier noch genügend M vorhanden sind.

Beidseitig am Anfang der R 2 (2) 3 (3) Mal 2 M abk = 86 (92) 94 (100) M.

Beidseitig am Anfang der R 22 Mal 1 M abk = 42 (48) 50 (56) M.

Beidseitig am Anfang der R 2 (3) 3 (4) Mal 2 M abk = 34 (36) 38 (40) M.

Beidseitig am Anfang der R 2 Mal 3 M abk = 22 (24) 26 (28) M.

Vor dem Abk erst die letzten M 2 und 2 M zus str.

Den zweiten Ärmel auf die gleiche Weise str.

FERTIGSTELLUNG

Die Seitennähte zusammennähen. Die Aussenseite des Rückens beginnt mit 3 Maschen rechts.

Vor dem Zusammennähen den Rücken erst mit Stecknadeln an das Vorderteil heften. Die Rippen gleichmäßig in die Breite ziehen. Die Schultern zusammennähen.

Den Kragen so zusammennähen, dass die Naht bei umgeklapptem Kragen unsichtbar ist.

Die Ärmel mit Stecknadeln in den Armausschnitt stecken und dann einnähen.

Die Fäden vernähen und die Knöpfe annähen.

Damit der Rücken seine endgültige Länge erhält, die Jacke waschen, vorsichtig schleudern und "kopfüber" am unteren Rand aufhängen. Den Rücken ein wenig ausziehen und eventuell Klammern zur Beschwerung am unten hängenden Nacken befestigen.

Nach einer Stunde die Jacke abhängen und liegend fertig trocknen.

BUDDHA

Gr: S (M) L (XL)

Rückenbreite: 44 (48) 52 (57) cm
Länge Rückenmitte: 76 (77) 79 (80) cm
Innere Ärmellänge: 43 cm

MATERIAL

450 (450) 450 (500) g Viscolin Farbe 24
200 (250) 250 (250) g Isager Alpaca 1 Farbe 1
Die beiden Fäden zusammen verstricken

Rundnadel und Nadelspiel Nr. 3½

Maschenprobe im Rippenmuster: 4 M re – 4 M li: 10 cm = 22 M und 32 R

Die Jacke wird vom rechten Vorderteil über den Rücken bis zum linken Vorderteil gestrickt.

RECHTES VORDERTEIL

160 (168) 168 (176) M mit Nd Nr. 3½ anschlagen.
Reihe 1: 1 M abh mit dem Faden vor der Arbeit (Kettmasche) – 3 M li – *4 M re – 4 M li*. Von * bis * wdh. Enden mit 4 M re.
Erste R = RückR.
R 1 wdh, bis die Arbeit 21 cm misst.
Nach einer RückR enden.

Die vorderen Ränder werden durchgehend mit Kettmaschen gestrickt. Sie verändern sich nicht, weder durch Ab– oder Zunahmen, noch durch abketten oder anschlagen.
Die anderen Ränder in der Jacke werden in allen R re gestr = Knötchenrand.

VORDERTEIL

Nur über die ersten 60 (68) 68 (76) M str:
Reihe 1 (HinR): 1 M abh – 3 M li – *4 M re – 4 M li*. Von * bis * wdh, bis 60 (68) 68 (76) M gestr sind. In Verlängerung dieser M 4 neue M anschl. Wenden.
Die restl 100 M auf einem Faden stilllegen.
Reihe 2: 1 M re – 3 M li – *4 M re – 4 M li*. Von * bis * wdh. Enden mit: 4 M re.
Reihe 3: 64 (72) 72 (80) M in Rippen str – In Verlängerung dieser M 4 neue M anschl. Wenden.
Reihe 4: 4 M re – *4 M li – 4 M re*. Von * bis * wdh.

Weiterhin in Verlängerung der R 4 M anschl, bis insg 24 (24) 28 (32) neue M angeschl sind = 84 (92) 96 (108) M.

10 R Rippen str, die äußerste der neuen M immer re str. Nur am vorderen Rand wird die 1. M abgehoben (mit dem Faden vor der Arbeit).

An der Seite mit den neuen M weitere ZUNAHMEN wie folgt str:
1 M re – 1 neue M verschr aus dem Querfaden zwischen der M auf der re Nd und der nächsten M herausstr – 83 (91) 95(107) M in Rippen str.
Die ZUNAHME in jeder 8. R insg 4 Mal str = 88 (96) 100 (112) M.
Die neuen M in das Rippenmuster einfügen.
4 R in Rippen str.

BRUSTABNÄHER

Am Vorderrand beg = HinR.
Reihe 1: 68 M in Rippen str. Wenden.
Reihe 2: 1 verschr U. 68 M in Rippen str.
Reihe 3: 68 M in Rippen str – den U mit der nächsten M re zus str – 3 M re. Wenden.
Reihe 4: 1 verschr U. 72 M in Rippen str.
Reihe 5: 72 M in Rippen str – den U mit der nächsten M li zus str – 3 M li. Wenden.
Reihe 6: 1 verschr U. 76 M in Rippen str.
Reihe 7: 76 M in Rippen str – den U mit der nächsten M re zus str – 3 M re. Wenden.
Reihe 8: 1 verschr U. 80 M in Rippen str.
Reihe 9: 80 M in Rippen str – den U mit der nächsten M li zus str – 3 M li. Wenden.
Reihe 10: 1 verschr U. 84 M in Rippen str.

Weiterhin den U mit der nächsten M zus str, dann 3 weitere M str und wenden, bis alle M wieder mitgestrickt werden.

6 R in Rippen str.

ARMAUSSCHNITT

An der Seite mit den Zun nun für den Armausschnitt abk.
2 (3) 3 (4) Mal 3 M abk = 82 (87) 91 (100) M.
2 Mal 2 M abk = 78 (83) 87 (96) M.
2 (3) 3 (4) Mal 1 M abk = 76 (80) 84 (92) M.

35 (37) 37 (39) R str.
Armausschnitt = 15 (17) 17 (18) cm.

SCHULTER

An der Ärmelseite M abk.
5 (5) 5 (6) Mal 4 M abk = 56 (60) 64 (68) M.

KRAGEN

Am Vorderrand mit Wenden beg.
Reihe 1: 48 (56) 56 (64) M in Rippen. Wenden.
Reihe 2: 1 verschr U – 48 (56) 56 (64) M in Rippen.
Reihe 3: 40 (48) 48 (56) M in Rippen. Wenden.
Reihe 4: 1 verschr U – 40 (48) 48 (56) M in Rippen.
Reihe 5: 32 (40) 40 (48) M in Rippen. Wenden.
Reihe 6: 1 verschr U – 32 (40) 40 (48) M in Rippen.
Reihe 7: 24 (32) 32 (40) M in Rippen. Wenden.
Reihe 8: 1 verschr U – 24 (32) 32 (40) M in Rippen.

Gr. (M) L (XL)
Reihe 9: (24) 24 (32) M in Rippen. Wenden.
Reihe 10: 1 verschr U – (24) 24 (32) M in Rippen.

Gr. (XL)
Reihe 11: (24) M in Rippen. Wenden.
Reihe 12: 1 verschr U – (24) M in Rippen.

ALLE Gr.
24 M in Rippen – *den U mit der nächsten M li zus str – 7 M in Rippen*. Von * bis * wdh. Nach dem letzten Zusammenstr 7 (3) 7 (3) M in Rippen str.

Die Fäden abschneiden. Die Kragenmaschen stilllegen und den RÜCKEN str.

RÜCKEN

In einer HinR die 100 Rückenmaschen str.
Am Übergang zum Vorderteil beg: eine neue M für das spätere Zusammennähen anschl.
Die neue M in allen R re str.

Insg 36 (36) 42 (48) R str.
Diese Seite wird zum Schluß an den schrägen Anschlag vom Vorderteil genäht.

31 M in Verlängerung der M auf der Nd anschl = Seitennaht. Es sind nun 132 M.

Reihe 1: *4 M re – 4 M li*. Von * bis * wdh. Enden mit: 4 M re.
Reihe 2: 1 M abh – 3 M li – *4 M re – 4 M li*. Von * bis * wdh. Enden mit: 4 M re – 3 M li – 1 M re.
Reihe 3: 8 M in Rippen str. Wenden.
Reihe 4: 1 verschr U. 8 M in Rippen.
Reihe 5: 8 M in Rippen – den U mit der nächsten M re zus str – 7 M in Rippen. Wenden.
Reihe 6: 1 verschr U. 16 M in Rippen.
Reihe 7: 16 M in Rippen – den U mit der nächsten M re zus str – 7 M in Rippen. Wenden.
Reihe 8 mit Zunahme: 1 verschr U. 23 M in Rippen str – aus der letzten M 2 M heraus str.
Reihe 9: 25 M in Rippen – den U mit der nächsten M re zus str – 107 M in Rippen.

Über alle M str – weiterhin aus der letzten M am Armausschnitt 2 M heraus str = in Richtung Nacken, bis insg 4 (6) 6 (8) neue M gestr sind = 136 (138) 138 (140) M.

Danach in Verlängerung der R 4 (4) 6 (6) Mal 2 neue M für den Armausschnitt anschl = 144 (146) 150 (152) M.

An der Nackenseite 20 (22) 22 (24) M in Verlängerung der R anschl = 164 (168) 172 (176) M.
Gr. S, L: Die Rippen mit 4 M re beg.
Gr. (M), (XL): Die Rippen mit 1 M re – 3 M li beg.

Für die SCHULTER insg 6 R str.
Zunahmen am Schulterrand str: 1 M re – 1 neue M – 163 (167) 171 (175) M.
Die Zun in jeder 6. (6.) 6. (8.) R insg 4 Mal str = 168 (172) 176 (180) M.
Die neuen M in die Rippen einfügen.
Noch 5 (5) 5 (3) R str.

Die 56 (60) 64 (68) Kragenmaschen wieder auf die Nd setzen und str = 224 (232) 240 (248) M.
Nun sind Vorderteil und Rücken verbunden.
Darauf achten, dass sich das Vorderteil beim Zusammenstricken nicht verdreht.

RÜCKENMITTE

Reihe 1: 54 (58) 62 (66) M in Rippen – 2 M zus – 2 M zus – 166 (170) 174 (178) M in Rippen.
Reihe 2: 222 (230) 238 (246) M in Rippen.
Reihe 3: 53 (57) 61 (65) M in Rippen – 2 M zus – 2 M zus – 165 (169) 173 (177) M in Rippen.
Reihe 4: 220 (228) 236 (244) M in Rippen.
Die Abn insg 8 Mal str = 208 (216) 224 (232) M.

RÜCKENMITTE: 7 (7) 13 (13) R str.

Nun spiegelverkehrt str:
Reihe 1: 47 (51) 55 (59) M in Rippen – 1 neue M str – 1 M – 1 neue M – 160 (164) 168 (172) M in Rippen.
Reihe 2: 210 (218) 226 (234) M in Rippen.
Reihe 3: 48 (52) 56 (60) M in Rippen – 1 neue M str – 1 M – 1 neue M str – 161 (165) 169 (173) M in Rippen.
Reihe 4: 212 (220) 228 (236) M in Rippen.
Die Zun insg 8 Mal str = 224 (232) 240 (248) M.
Die 56 (60) 64 (68) Kragenmaschen auf einem Faden stilllegen.

SCHULTER

Für die SCHULTER über die 168 (172) 176 (180) Rückenmaschen 6 (6) 6 (4) Reihen in Rippen str.

Am Schulterrand Abn str, dafür die 2 letzten M an der Schulter zus str.
Die Abn in jeder 6. (6.) 6. (8.) R insg 4 Mal str = 164 (168) 172 (176) M.
Noch 6 R str.

An der Schulterseite 20 (22) 22 (24) M abk = 144 (146) 150 (152) M.
Die M genauso locker abk wie die M auf der gegenüberliegenden Seite angeschlagen wurden.
4 (4) 6 (6) Mal 2 M abk. = 136 (138) 138 (140) M.
3 (5) 5 (7) Mal 1 M abk = 133 M.
1 R Rippen str.

WENDESTRICK

Am Armausschnitt beg.
Reihe 1 mit letztem Abk: 1 M abk – 24 M in Rippen str (die erste M ist bereits auf der Nd). Wenden.
Reihe 2: 1 verschr U. 24 M in Rippen str.
Reihe 3: 16 M in Rippen str. Wenden.
Reihe 4: 1 verschr U. 16 M in Rippen str.
Reihe 5: 8 M in Rippen str. Wenden
Reihe 6: 1 verschr U. 8 M in Rippen str.
Reihe 7: 8 M in Rippen – *den U mit der nächsten M re zus str – 7 M in Rippen *. Von * bis * wdh, bis keine U mehr übrig sind – die R zu Ende str.

1 R in Rippen str.
Für den Armausschnitt 31 M abk = 101 M.
Die M genauso locker abk wie die M auf der gegenüberliegenden Seite angeschlagen wurden.
35 (35) 41 (47) R in Rippen str. Die Fäden abschneiden.
Die M auf einem Faden stilllegen.

LINKES VORDERTEIL

Die Kragenmaschen wieder auf die Nd setzen.

Mit Wenden am vorderen Rand beg.
Reihe 1: 48 (56) 56 (64) M in Rippen. Wenden.
Reihe 2: 1 verschr U – 48 (56) 56 (64) M in Rippen.
Reihe 3: 40 (48) 48 (56) M in Rippen. Wenden.
Reihe 4: 1 verschr U – 40 (48) 48 (56) M in Rippen.
Reihe 5: 32 (40) 40 (48) M in Rippen. Wenden.
Reihe 6: 1 verschr U – 32 (40) 40 (48) M in Rippen.
Reihe 7: 24 (32) 32 (40) M in Rippen. Wenden.
Reihe 8: 1 verschr U – 24 (32) 32 (40) M in Rippen.

Gr. (M) L (XL)
Reihe 9: (24) 24 (32) M in Rippen. Wenden.
Reihe 10: 1 verschr U – (24) 24 (32) M in Rippen.

Gr. (XL)
Reihe 11: (24) M in Rippen.
Reihe 12: 1 verschr U – (24) M in Rippen.

ALLE Gr.
24 M in Rippen – *den U mit der nächsten M li zus str – 7 M in Rippen*. Von * bis * wdh.
Nach dem letzten Zusammenstricken noch 7 (3) 7 (3) M in Rippen str.

SCHULTER
In Verlängerung des Kragens 5 (5) 5 (6) Mal 4 M anschl = 76 (80) 84 (92) M.

35 (37) 37 (39) R str.

ARMAUSSCHNITT

Zun für den Armausschnitt str:
2 (3) 3 (4) Mal aus der letzten M 2 M str= 78 (83) 87 (96) M.
2 Mal 2 M in Verlängerung der R anschl = 82 (87) 91 (100) M.
2 (3) 3 (4) Mal 3 M in Verlängerung der R anschl = 88 (96) 100 (112) M.

5 R in Rippen str.

BRUSTABNÄHER

Am vorderen Rand beg = HinR.
Reihe 1: 84 (92) 96 (108) M in Rippen str. Wenden.
Reihe 2: 1 verschr U. 84 (92) 96 (108) M in Rippen str.
Reihe 3: 80 (88) 92 (104) M in Rippen str. Wenden.
Reihe 4: 1 verschr U. 80 (88) 92 (104) M in Rippen str.
Reihe 5: 76 (84) 88 (100) M in Rippen str. Wenden.
Reihe 6: 1 verschr U. 76 (84) 88 (100) M in Rippen str.
Reihe 7: 72 (80) 84 (96) M in Rippen str. Wenden.
Reihe 8: 1 verschr U. 72 (80) 84 (96) M in Rippen str.

Weiterhin bis 4 M + U vor die letzte Wende str, bis es in der RückR 68 M sind.
68 M in Rippen str – den U mit der nächsten M zus str. Die M hinter dem U bestimmt, ob re oder li zus gestr wird. Nach dem letzten Zusammenstr noch 3 M str.

5 R in Rippen str.

An dem Rand mit den neuen M ABNAHMEN str, dafür insg 4 Mal in jeder 8. R die 2 äußersten M zus str = 84 (92) 96 (108) M.

10 R in Rippen str.

An der Seite mit den Abn insg 6 (6) 7 (8) Mal 4 M abk = 60 (68) 68 (76) M.

60 (68) 68 (76) M in Rippen str. Die Rückenm wieder auf die Nd setzen.
Über den Rücken weiter str: 2 M re zus – weiter über den Rücken str = 160 (168) 168 (176) M.

21 cm in Rippen str.
Alle M abk.

ÄRMEL

56 (56) 64 (64) M mit einem Nadelspiel Nr. 3½ anschl und 10 Rd str.
Rippen: 2 M re – *4 M li – 4 M re*. Von * bis * wdh. Enden mit: 4 M li – 2 M re.

ZUNAHME: 1 M re – 1 neue M verschr aus dem Querfaden zw den M herausstr – 54 (54) 62 (62) M in Rippen – 1 neue M – 1 M re.
Die Zunahme in jeder 10. (8.) 10. (8.) Rd wdh, bis 80 (88) 88 (96) M auf der Nd sind.

Die neuen M in die Rippen einfügen.
Wenn unter dem Ärmel 10 rechte M sind, werden die erste und letzte M der Rd nun li gestr.
Wenn unter dem Ärmel 10 linke M erreicht sind, werden diese zwei M wieder re gestr.

Weiterstr, bis der Ärmel 43 cm misst.
Am Anfang der Rd 3 M abk – die Rd zu Ende str. Wenden und 3 M abk – die R zu Ende str
= 74 (82) 82 (90) M.
In R hin und her str.
Beidseitig am Anfang der R wie folgt abk:
2 Mal 2 M = 66 (74) 74 (82) M.
14 (14) 16 (16) Mal 1 M = 38 (46) 42 (50) M.
 2 (3) 3 (3) Mal 2 M = 30 (34) 30 (38) M.
2 Mal 3 M = 18 (22) 18 (26) M.
Die letzten M abk. Den zweiten Ärmel auf die gleiche Weise str.

FERTIGSTELLUNG
Die Schultern von aussen zusammennähen (D). Die Seitennähte zusammennähen (B und C).
Die Ärmel erscheinen für das Ärmelloch zu groß, vor dem Zusammennähen müssen sie mit Stecknadeln gleichmäßig in den Armausschnitt gesteckt werden. Dann von aussen nähen.
Die Fäden vernähen.

Die Jacke in lauwarmem Wasser spülen und vorsichtig in der Waschmaschine schleudern.
Einen Besenstiel durch die Ärmel stecken und aufhängen. Nach ½ Stunde die Jacke auf dem Besenstiel so drehen, dass nun die Vorderteile an beiden Seiten herunterhängen.
Nach einer ½ Stunde die Jacke herunternehmen, liegend in Form bringen und trocknen lassen.

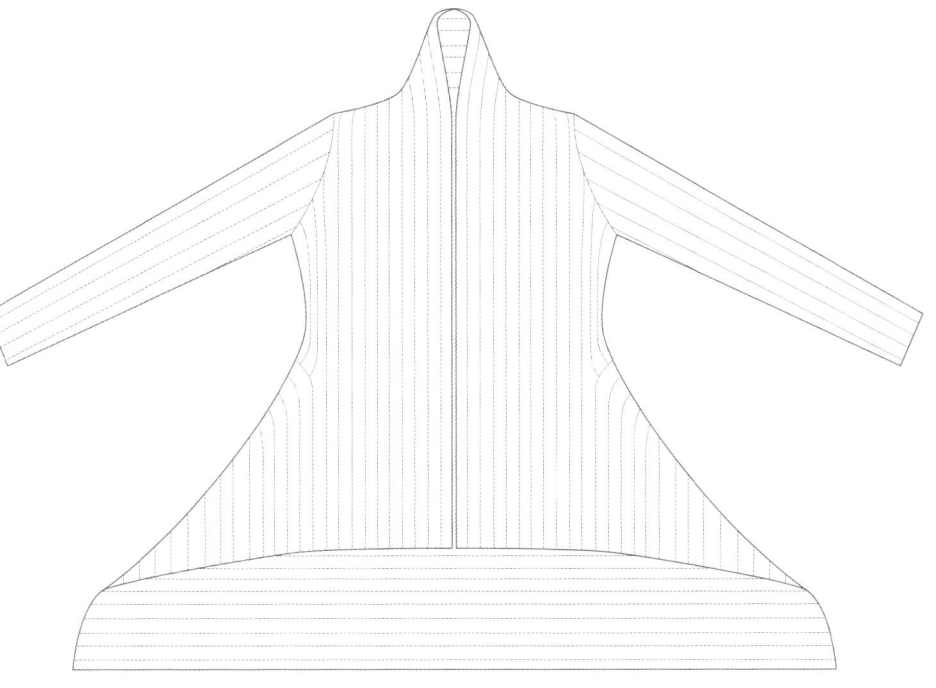

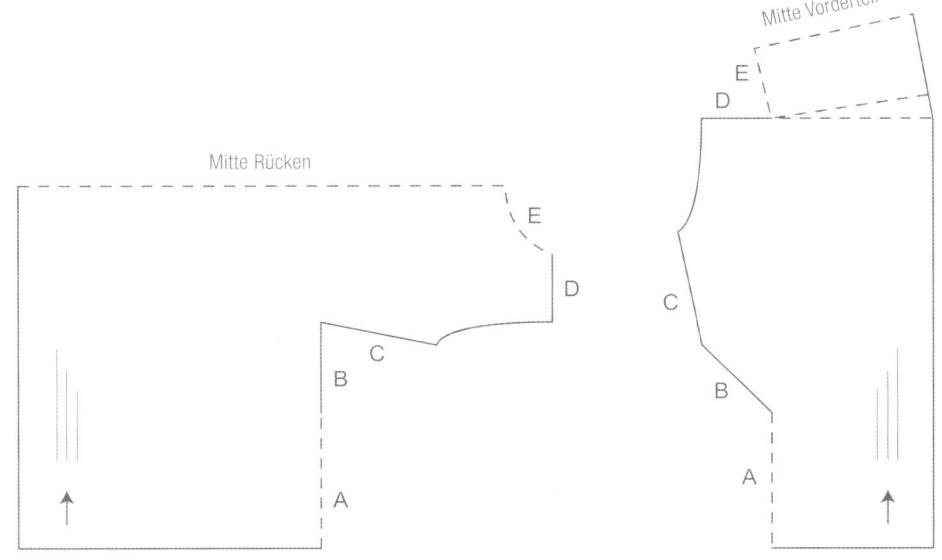

KOKOSNUSS

Gr: S/M(L/XL)

Halbe Oberweite: 67 (80) cm
Rückenweite unterer Rand: 54 (67) cm
Länge: 70 (70) cm
Ärmellänge: 28 cm

MATERIAL
200 (250) g Spinni Farbe 23s
250 (300) g Isager Alpaca 2 Farbe 8
Mit beiden Fäden zusammen stricken.

5 Knöpfe
Rundnadel Nr. 4
Maschenprobe in glatt rechts: 10 cm = 21 M und 28 R

RÜCKEN

114 (142) M mit beiden Fäden anschl.
Nach dem DIAGRAMM str.
Die äußersten M sind nicht im Diagramm abgebildet, an beiden Seiten die RM in allen R re str.
Reihe 1 vom Diagramm (RückR): 1 M re – *2 M li – 10 M re – 2 M li*. Von * bis * wdh. Enden mit: 1 M re.
An der Außenseite der Jacke erscheinen die Kokosnüsse als Linksmaschen.
In den Reihen 10, 18 und 26 beidseitig Zunahmen str, dafür 1 neue M verschr aus dem Querfaden zw RM und nächster bzw. vorheriger M heraus str.
Die Zun beidseitig insg 14 Mal str = 142 (170) M.

Das Diagramm insg 6½ Mal str = 60 cm.

Die Schulterform in einer HinR mit Wenden str. Dabei im Muster weiter str:
Reihe 1: 138 (165) M str. Wenden.
Reihe 2: 1 verschr U. 134 (160) M str. Wenden.
Reihe 3: 1 verschr U. 130 (155) M str. Wenden.
Reihe 4: 1 verschr U. 126 (150) M str. Wenden.
Reihe 5: 1 verschr U. 122 (145) M str. Wenden.
Reihe 6: 1 verschr U. 118 (140) M str. Wenden.
Reihe 7: 1 verschr U. 114 (135) M str. Wenden.
Reihe 8: 1 verschr U. 110 (130) M str. Wenden.
Reihe 9: 1 verschr U. 106 (125) M str. Wenden.
Reihe 10: 1 verschr U. 102 (120) M str. Wenden.
Reihe 11: 1 verschr U. 98 (115) M str. Wenden.
Reihe 12: 1 verschr U. 94 (110) M str. Wenden.

Reihe 13: 1 verschr U. 90 (105) M str. Wenden.
Reihe 14: 1 verschr U. 86 (100) M str. Wenden
Reihe 15: 1 verschr U. 82 (95) M str. Wenden.
Reihe 16: 1 verschr U. 78 (90) M str. Wenden.
Reihe 17: 1 verschr U. 74 (85) M str. Wenden.
Reihe 18: 1 verschr U. 70 (80) M str. Wenden.
Reihe 19: 1 verschr U. 66 (75) M str. Wenden
Reihe 20: 1 verschr U. 62 (70) M str. Wenden.
Reihe 21: 1 verschr U. 58 (65) M str. Wenden.
Reihe 22: 1 verschr U. 54 (60) M str. Wenden.
Reihe 23: 1 verschr U. 50 (55) M str. Wenden.
Reihe 24: 1 verschr U. 46 (50) M str. Wenden.

ZUSAMMENSTRICKEN

Reihe 25: 1 verschr U. 46 (50) M li str – *2 M li zus – 3 (4) M li*. Von * bis * die R zu Ende str.
Reihe 26: 94 (110) M re str – *2 M re verschr zus – 3 (4) M re*. Von * bis * die R zu Ende str.
Reihe 27: 58 (72) M li str = Anfang vom Nacken.
Die Fäden abschneiden.
Die M auf einem Faden stilllegen.

LINKES VORDERTEIL

44 (58) M mit beiden Fäden anschl.
Nach dem Diagramm str.
Die äußersten M sind nicht im Diagramm abgebildet, an beiden Seiten die RM in allen R re str.
Die erste R ist eine RückR.
Wie beim Rücken beidseitig Zun str, bis es 72 (86) M sind.
Das Diagramm insg 6 Mal str = 55 cm.

In einer RückR für den HALSAUSSCHNITT abk:
2 Mal 3 M abk = 66 (80) M.
2 Mal 2 M abk = 62 (76) M.
3 Mal 1 M abk = 59 (73) M.

Für die Schulterform mit Wenden str:
Reihe 1: 1 M abk – bis zu den letzten 4 (5) M str. Wenden.
Reihe 2: 1 verschr U – 54 (67) M.
Reihe 3: 50 (62) M. Wenden.
Reihe 4: 1 verschr U – 50 (62) M.
Reihe 5: 46 (57) M. Wenden.
Reihe 6: 1 verschr U – 46 (57) M.
Reihe 7: 42 (52) M. Wenden.
Reihe 8: 1 verschr U – 42 (52) M.
Reihe 9: 38 (47) M. Wenden.
Reihe 10: 1 verschr U – 38 (47) M.
Reihe 11: 34 (42) M. Wenden.
Reihe 12: 1 verschr U – 34 (42) M.
Auf diese Weise weiterstr, bis nach der letzten Wende nur noch 10 (12) M gestr werden.

In einer RückR alle M re str.
Die U mit der nächsten M re verschr zus str.
1 R li str.
Die äußeren 58 (72) Rückenm (= linke Schulter) wieder auf die Nd nehmen.
Das linke Vorderteil und den Rücken rechts auf rechts aneinanderlegen.
Mit einer dritten Nd die gegenüberliegenden M zus str und gleichzeitig dabei abk.

RECHTES VORDERTEIL
Wie das linke Vorderteil str, bis das Diagramm 1 Mal + 19 R hoch gestrickt ist.
In der 20. Reihe ein KNOPFLOCH str: 2 M re – 2 M re zus – 2 neue M anschl – 2 M re verschr zus str – die R zu Ende str.
Das Knopfloch in jeder 20. Diagrammreihe insg 5 Mal str.

In der 6. Wiederholung des Diagramms nur bis R 25 str.
In einer HinR für den HALSAUSSCHNITT abk wie am linken Vorderteil.

Die Schulterform auf die gleiche Weise wie am LINKEN VORDERTEIL mit Wenden str.
In einer HinR alle M li str. Die U mit der nächsten M li zus str.
1 R re str.

Mit dem Rücken zus str.

ÄRMEL
44 (58) M mit beiden Fäden anschl.
In R hin und her nach Diagramm str.
Die äußersten M sind nicht im Diagramm abgebildet, an beiden Seiten die RM in allen R re str.
Die erste R ist eine RückR.
Beidseitig Zun wie beim Rücken str, bis es 60 (74) M sind.
Das Diagramm 3 Mal str = 28 cm.
Die M in Rippen abk.

Den zweiten Ärmel auf die gleiche Weise str.

HALSRAND
Von außen mit einer Rundnd 40 M aus dem Vorderteil heraus str. Die 26 Nackenmaschen str.
40 M aus dem linken Vorderteil heraus str = 106 M.

2 R li – 2 R re str. Von * bis * insg 10 R str.

Zunahme str: 40 M re – 1 neue M – 26 M re – 1 neue M – 40 M re.
7 R str.

Zunahme str: 41 M re – 1 neue M – 26 M re – 1 neue M – 41 M re.
7 R str.
Die Zun in jeder 8. R wdh, bis der Kragen leicht gestreckt ca. 20 cm misst.
Nach der letzten Zun noch 6 R str.
Alle M abk.

FERTIGSTELLUNG
Vor dem Zusammennähen die Ärmel mit Stecknadeln in den Armausschnitt stecken und dann von außen zusammennähen.
Die Seitennaht von außen zusammennähen.
Die Ärmel von außen zusammennähen.
Die Fäden vernähen.

Die Jacke in lauwarmem Wasser spülen.
Die Jacke vorsichtig in der Waschmaschine schleudern.
Die Jacke am unteren Rand mit Klammern auf die Wäscheleine hängen.
Nach ½ Stunde die Jacke abhängen, liegend in Form bringen und trocknen lassen.

					X	X	X	X	X	X	X	X	X			26 Zunahme
					X	X	X	X	X	X	X	X				25
						X	X	X	X	X	X	X				24
							X	X	X	X	X	X				23
								X	X	X	X					22
								X	X	X	X					21
																20 Knopfloch
																19
X	X												X	X		18 Zunahme
X	X	X										X	X	X		17
X	X	X	X								X	X	X	X		16
X	X	X	X	X						X	X	X	X	X		15
X	X	X	X								X	X	X	X		14
X	X	X	X								X	X	X	X		13
X	X	X	X								X	X	X	X		12
X	X	X										X	X	X		11
																10 Knopfloch
X	X	X										X	X	X		9
X	X												X	X		8
																7
																6
					X	X	X	X	X							5
					X	X	X	X	X							4
					X	X	X	X	X							3
					X	X	X	X	X							2
				X	X	X	X	X	X	X						1

☐ = re in den HinR – li in den RückR

X = li in den HinR – re in den RückR

BANANENBLÜTE

Gr.: S (M) L (XL)

Halbe Oberweite: 53 (56) 62 (66) cm
Länge: 61 (61) 62 (62) cm
Ärmellänge innen: 42 (40) 38 (36) cm

MATERIAL

250 (250) 250 (300) g Tvinni Farbe 60s
150 (150) 200 (200) g Alpaca 1 Farbe 60
Mit beiden Fäden zusammen stricken
Rundnadel Nr. 4

Maschenprobe in glatt rechts: 10 cm = 21 M und 29 R

Die Rückenmitte und die vordere Mitte werden von oben nach unten gestrickt. Von den Mittelteilen aus wird quer nach außen bis zum Ärmelrand gestrickt.

VORDERTEIL

34 (34) 38 (38) M mit Nd Nr. 4 anschl.
Nach dem Anschlag sollte ein ca. 40 cm langer Faden übrig bleiben.
Dieses Fadenende wird später für einen weiteren Maschenanschlag benötigt.
In R hin und her str.

Reihe 1 (RückR): 1 M re – 2 M li – 0 (0) 2 (2) M re – R 1 des Diagramms – 0 (0) 2 (2) M re – 2 M li – 1 M re.
Reihe 2 (HinR): 3 M re – 0 (0) 2 (2) M li – R 2 des Diagramms – 0 (0) 2 (2) M li – 3 M re.
Auf diese Weise weiter str.

R1 – R 36 des Diagramms insg 4 Mal str.
R 1 – R 22 str = 56 cm.
In einer RückR in Rippen abk.
Die Fäden abschneiden.

RÜCKEN

34 (34) 38 (38) M mit Nd Nr. 4 anschl.
Auch hier ein langes Fadenende für später hängen lassen.
Gemäß Diagramm wie am Vorderteil str – aber mit R 25 beg.
Bis R 36 str.
R 1 – R 36 insg 4 mal str.
Noch 1 Mal R 1 – R 22 str = 60 cm.
In einer RückR in Rippen abk.
Die Fäden abschneiden.

LINKE SEITE

Von außen mit Nd Nr. 4 Maschen aus dem Vorderteil heraus str.
An der Abkettseite beg.
118 M gleichmäßig verteilt aus der Seite heraus str.
Am Ende mit dem losen Fadenende und dem Strickfaden 24 (24) 28 (28) neue M anschl.
In Verlängerung dieser neuen M 126 M aus der Seite vom Rückenteil heraus str.
An der Anschlagseite beg = 268 (268) 272 (272) M.

Über die Schulter gemäß Diagramm str.
Die linken M sind an der Aussenseite sichtbar.
Das Diagramm mit R 1 beg.
Reihe 1 (RückR): 1 M abh mit dem Faden vor der Arbeit = 1 M abh Fv – 2 M li – 2 M re – 2 M li – 111 M re – 2 M li – 0 (0) 2 (2) M re – Diagramm – 0 (0) 2 (2) M re – 2 M li – 111 M re – 2 M li – 2 M re – 1 M re.
Reihe 2: 1 M abh Fv – 2 M re – 2 M li – 2 M re – 111 M li – 2 M re – 0 (0) 2 (2) M li – Diagramm – 0 (0) 2 (2) M li – 2 M re – 111 M li – 2 M re – 2 M li – 3 M re.
Reihe 3: Wie Reihe 1.
Reihe 4: Wie Reihe 2.
Reihe 5: Wie Reihe 1.

Reihe 6 mit Abnahme: 1 M abh Fv – 2 M re – 2 M li – 2 M re – 108 M li – 2 M li zus – 1 M li – 2 M re – 0 (0) 2 (2) M li – Diagramm – 0 (0) 2 (2) M li – 2 M re – 1 M li – 2 M li zus – 108 M li – 2 M re – 2 M li – 3 M re.

Mit den linken M an der Aussenseite weiter glatt str.
In der Ämelmitte weiter nach Diagramm str.
Die Abn in jeder 6. R insg 9 (10) 11 (12) Mal str = 250 (248) 250 (248) M.

5 R nach Muster str.
Die ersten und letzten 84 (80) 78 (74) M markieren = Seitennaht.
Die Aussenseiten aufeinanderlegen.
Mit einer dritten Nadel die gegenüberliegenden M zus str und dabei gleichzeitig die 83 (79) 77 (73) M abk.
Die Garnknäuel durch die letzte M ziehen – so, dass alle 84 (80) 78 (74) M abgekettet und nur noch die 82 (88) 94 (100) Ärmelmaschen auf der Nd sind.

ÄRMEL

Das Strickteil wieder nach aussen wenden.
Über die Ärmelmaschen weiter str und dabei abn:
1 M re – 21 (24) 25 (28) M li – 2 M li zus – 1 M li – 2 M re – 0 (0) 2 (2) M li – Diagramm – 0 (0) 2 (2) M li – 2 M re – 1 M li – 2 M li zus – 21 (24) 25 (28) M li – 1 M re.

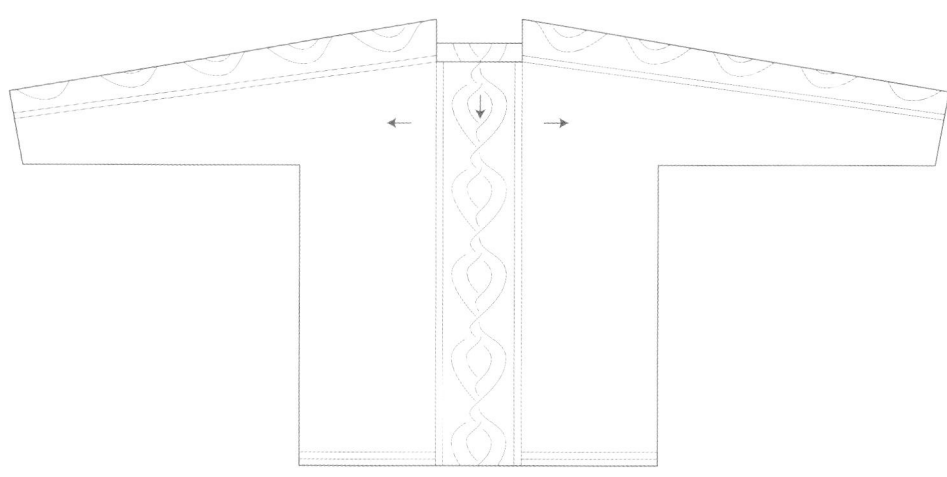

Den Ärmel in R hin und her und mit dem Diagramm in der Mitte weiter str. Die erste und letzte M immer re str.

Oder den Ärmel rund str. Dann werden die erste und letzte M li gestr.

Die Abn wie bisher str, jedoch nun in jeder 12. (12.) 10. (10.) R.
Nach 9 (9) 10 (10) Abnahmen hat der Ärmel 62 (68) 72 (78) M.
Im 5. Rapport in der 36. R alle M abk.
Vor dem Abk über den mittleren 8 rechten M erst 2 und 2 M zus str.

RECHTE SEITE
126 M von der Außenseite aus dem Rückenteil heraus str.
24 (24) 28 (28) neue M mit dem Fadenende und dem Strickfaden anschl.
118 M von der Außenseite aus dem Vorderteil heraus str = 268 (268) 272 (272) M.

Diese Seite wie die LINKE SEITE zu Ende str.

FERTIGSTELLUNG
Die Ärmel zusammennähen.
Die Fäden vernähen.

Den Pullover in lauwarmem Wasser spülen. Den Pullover vorsichtig in der Waschmaschine schleudern. Einen Besenstiel durch die Ärmel stecken, aufhängen und eine Stunde trocknen lassen. Danach liegend ganz trocknen lassen.

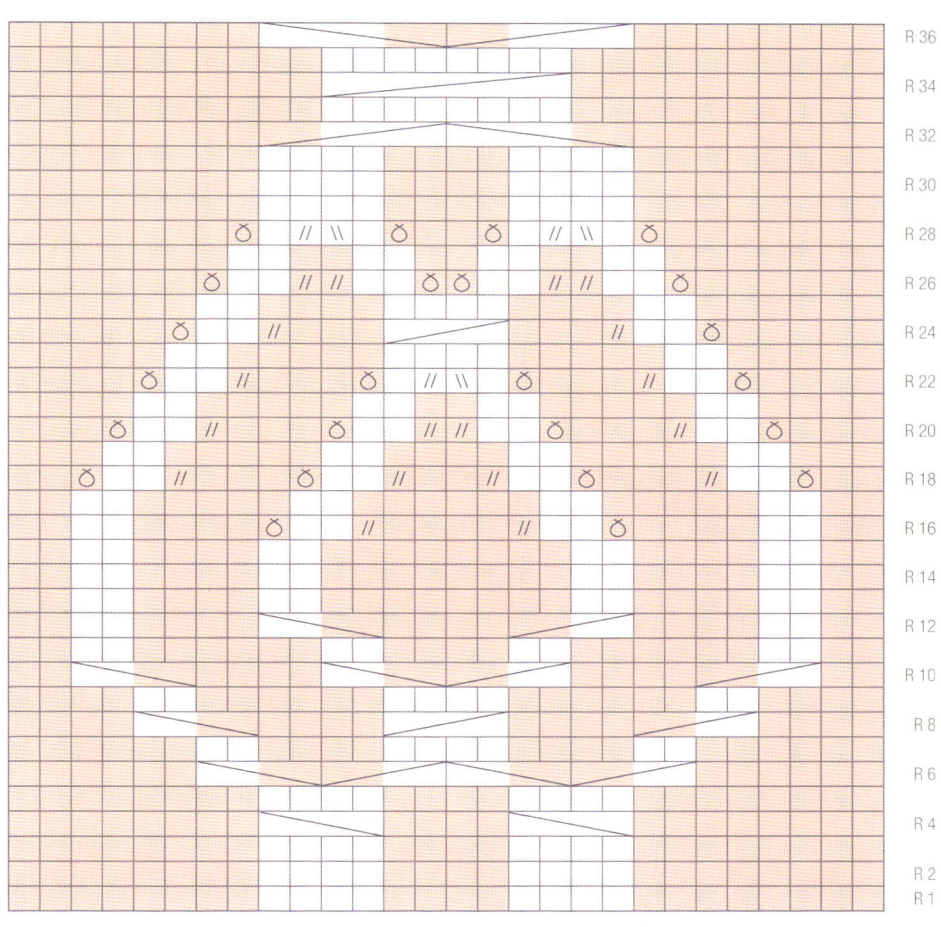

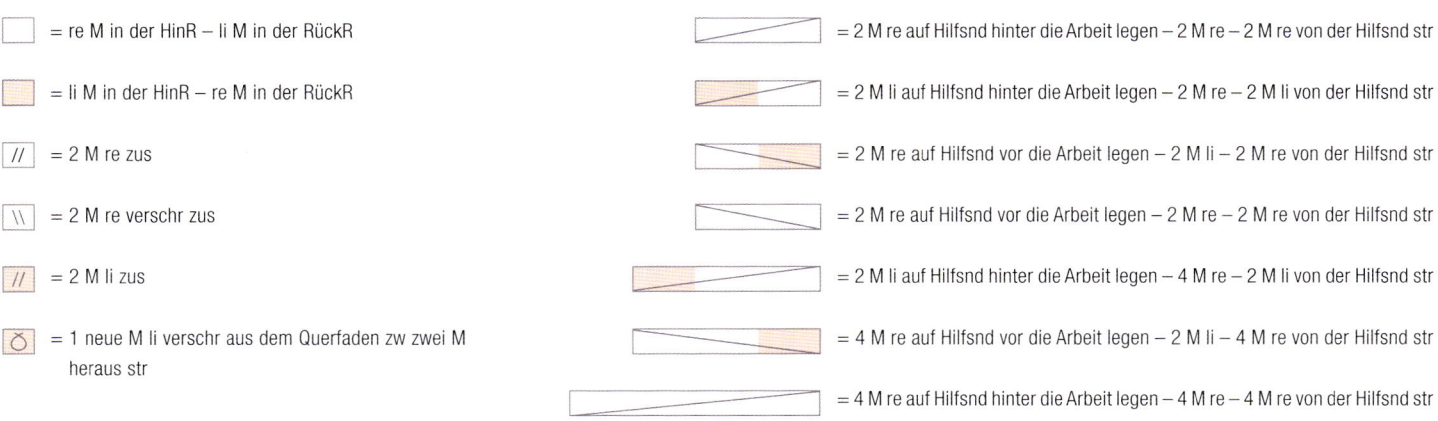

FISCH

Gr.: S (M) L (XL)

Halbe Oberweite: 44 (47) 51 (55) cm
Länge: 53 (55) 55 (57) cm
Innere Ärmellänge: 43 cm

MATERIAL
200 (250) 250 (250) g Viscolin Farbe 46
150 g Isager Alpaca 1 Farbe 46
Mit beiden Fäden zusammen stricken

Rundnadel und Nadelspiel Nr. 3½

Maschenprobe in glatt rechts: 10 cm = 21 M und 32 R

KÖRPER

184 (200) 216 (232) M mit Nd Nr. 3½ anschl.
In Rd str.

RAND

3 Rd li str.
3 Rd re str.
3 Rd li str.
3 Rd re str.

MUSTER

1. RIPPE
3 Rd str: 29 (33) 37 (41) M re – 34 M li – 58 (66) 74 (82) M re – 34 M li – 29 (33) 37 (41) M re.
3 Rd re str.

2. RIPPE
3 Rd str: 33 (37) 41 (45) M re – 26 M li – 66 (74) 82 (90) M re – 26 M li – 33 (37) 41 (45) M re.
3 Rd re str.

3. RIPPE
3 Rd str: 37 (41) 45 (49) M re – 18 M li – 74 (82) 90 (98) M re – 18 M li – 37 (41) 45 (49) M re.
3 Rd re str.

4. RIPPE
3 Rd str: 41 (45) 49 (53) M re – 10 M li – 82 (90) 98 (106) M re – 10 M li – 41 (45) 49 (53) M re.
3 Rd re str.

5. RIPPE
3 Rd str: 43 (47) 51 (55) M re – 6 M li – 86 (94) 102 (110) M re – 6 M li – 43 (47) 51 (55) M re.
3 Rd re str.

6. RIPPE
3 Rd str: 45 (49) 53 (57) M re – 2 M li – 90 (98) 106 (114) M re – 2 M li – 45 (49) 53 (57) M re.
3 Rd re str.

Ab hier werden die Linksrippen wieder breiter.
Jede Rippe wird um 4 Linksmaschen erweitert.
7. RIPPE: Wie 5. RIPPE mit 6 M li.
3 Rd re str.
8. RIPPE: Wie 4. RIPPE mit 10 M li.
3 Rd re str.
9. RIPPE. 3 Rd re str mit 14 M li.
3 Rd re str.
10. RIPPE: 3 Rd str mit 18 M li.
3 Rd re str.
11. RIPPE: 3 Rd str mit 22 M li.
3 Rd re str.
12. RIPPE: 3 Rd str mit 26 M li.
3 Rd re str.
13. RIPPE: 3 Rd str mit 30 M li.
3 Rd re str.
14. RIPPE: 3 Rd str mit 34 M li.
3 Rd re str.
15. RIPPE: 3 Rd str mit 34 M li.
3 Rd re str.
16. RIPPE: 3 Rd str mit 34 M li.
3 Rd re str
17. RIPPE: 3 Rd str mit 34 M li.
3 Rd re str.
18. RIPPE: 3 Rd str mit 34 M li.

Sofort nach der 18. RIPPE für den Armausschnitt abk: 85 (93) 100 (108) M re str = Vorderteil – 14 (14) 16 (16) M abk – 78 (86) 92 (100) M re str (die 1. M ist bereits auf der Nd) – 14 (14) 16 (16) M abk (die letzte M gehört zu den Vorderteilmaschen). Die Fäden nicht abschneiden. Die letzte Abkettmasche auf die linke Nd heben.

Das Körperteil zur Seite legen.

ÄRMEL

38 (40) 44 (46) M mit Nadelspiel Nr. 3½ anschl.
In Rd str.
3 Rd li str.
3 Rd re str.
3 Rd li str.
ZUNAHME str: 1 M re – 1 neue M, dafür den Querfaden zw den M verdreht auf die li Nd heben und re str – 36 (38) 42 (44) M re – 1 neue M re – 1 M re.
2 Rd re str.
3 Rd re li.
3 Rd re str.
ZUNAHME str: 1 M li – 1 neue M li – 36 (38) 42 (44) M li str – 1 neue M li – 1 M li.2 Rd li str.

Das Muster mit 3 Rd re – 3 Rd li wdh.
Die Zunahme in jeder 9. Rd wdh, bis es 68 (72) 76 (80) M sind.
Die Zunahmen abwechselnd in einer Rechtsreihe und einer Linksreihe str.

Weiterstricken, bis insg 165 Rd gestr sind= 28 Linksrippen.
Der Ärmel misst, leicht gestreckt, ca. 43 cm.
Die Länge der Ärmel ist vor der Wäsche schwer zu beurteilen.
In der nächsten HinR für den Armausschnitt abk:
7 (7) 8 (8) M abk – 54 (58) 60 (64) M re str (die 1. M ist bereits auf der Nd) – die letzten 7 (7) 8 (8) M abk. Die Fäden abschneiden.
Den Ärmel zur Seite legen.

Den zweiten Ärmel auf die gleiche Weise str.

RAGLAN

78 (86) 92 (100) M für das Vorderteil re str (die 1. M ist die letzte Abkettmasche) – 54 (58) 60 (64) M für den Ärmel re str – 78 (86) 92 (100) M für den Rücken re str – 54 (58) 60 (64) M für den Ärmel re str = 264 (288) 304 (328) M.

Runde 1 mit Abnahme: *1 M re – 2 M re zus – 72 (80) 86 (94) M re – 2 M re verschr zus – 1 M re – 2 M re zus – 50 (54) 56 (60) M re – 2 M re verschr zus*. Wieder von * bis * str.
Runde 2: *23 (27) 30 (34) M re – 30 M li – 23 (27) 30 (34) M re – 52 (56) 58 (62) M li*. Wieder von * bis * str.
Runde 3 mit Abnahme: *1 M re – 2 M re zus – 20 (24)27 (31) M re – 30 M li – 20 (24) 27 (31) M re – 2 M re verschr zus – 1 M re – 2 M li zus – 48 (52) 54 (58) M li – 2 M li zus*. Wieder von * bis * str.
Runde 4: *22 (26) 29 (33) M re – 30 M li – 22 (26) 29 (33) M re – 50 (54) 56 (60) M li*. Wieder von * bis * str

Weitere Abn in jeder zweiten Rd str und dabei im Muster wie folgt str:
3 Rd re str.
3 Rd mit 22 M li in vorderer und hinterer Mitte + li M an den Ärmeln.
3 Rd re str.
3 Rd mit 14 M li in vorderer und hinterer Mitte + li M an den Ärmeln.
3 Rd re str.
3 Rd mit 6 M li in vorderer und hinterer Mitte + li M an den Ärmeln.
3 Rd re str.
3 Rd mit re M am Körperteil und li M an den Ärmeln.
Es sind nun insg 14 Abn gestr = 152 (176) 192 (216) M.
Im Muster und mit Abn weiterstricken: Abwechselnd 3 Rd re str und 3 Rd mit re M am Körperteil und li M an den Ärmeln.
Insg 16 (19) 19 (22) Abn str = 136 (136) 152 (152) M. Direkt nach der letzten Abn enden.

Für den Halsausschnitt mit Wenden str, dabei weiter im Muster stricken.
Reihe 1: Ohne Abn 19 M re str. Die Arbeit wenden.
Reihe 2 (RückR): 1 verschr U.19 M li – 22 (20) 22 (20) M re – 46 (48) 54 (56) M li – 22 (20) 22 (20) M re – 19 M li = 8 (10) 16 (18) M in der Mitte, die nicht gestr werden. Wenden.

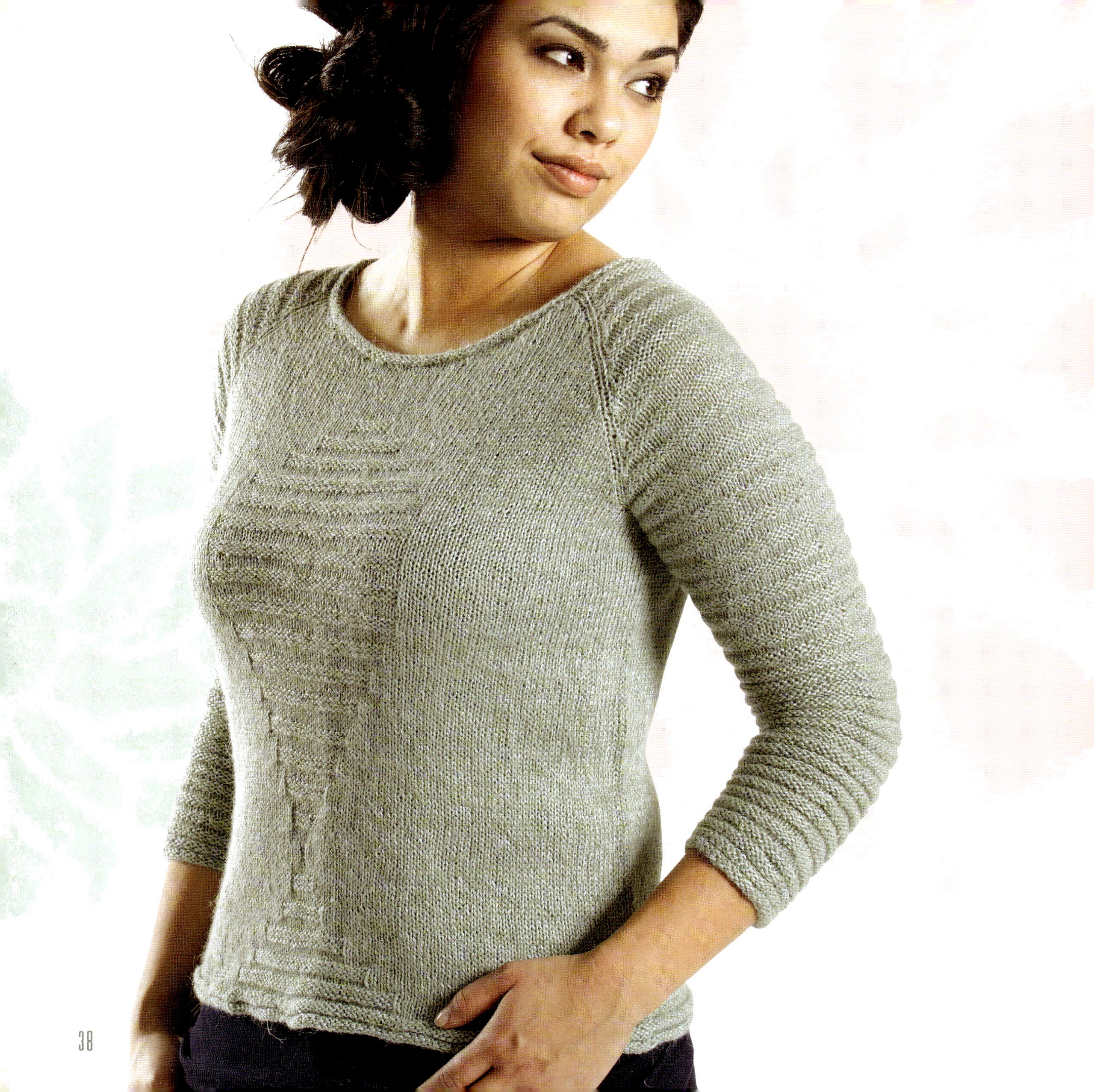

Reihe 3: 1 verschr U – 16 M re – 2 M re verschr zus – 1 M re – 2 M li zus – 18 (16) 18 (16) M li – 2 M li zus – 1 M re – 2 M re zus – 40 (42) 48 (50) M re – 2 M re verschr zus – 1 M re – 2 M li zus – 18 (16) 18 (16) M li – 2 M li zus – 1 M re – 2 M re zus – 13 M re = 3 M + U vor der letzten Wende. Wenden.
Reihe 4: 1 verschr U – 114 (112) 122 (120) M der RückR str, bis 3 M + U vor der letzten Wende. Wenden.

Reihe 5: 1 verschr U – mit Abn am Raglan str bis 3 M + U vor der letzten Wende. Wenden.
Reihe 6: 1 verschr U – 100 (98) 108 (106) M der RückR str bis 3 M + U vor der letzten Wende. Wenden.
Reihe 7: 1 verschr U – mit Abn am Raglan str bis 3 M + U vor der letzten Wende. Wenden.
Reihe 8: 1 verschr U – 86 (84)94 (92) M der RückR str bis 3 M + U vor der letzten Wende. Wenden.

Reihe 9: 1 verschr U – mit Abn am Raglan str bis 2 M + U vor der letzten Wende. Wenden.
Reihe 10: 1 verschr U – 74 (72) 82 (80) M der RückR str bis 2 M + U vor der letzten Wende. Wenden.
Reihe 11: 1 verschr U – mit Abn bis zur letzten Wende str.
In Rd weiterstricken: Den U mit der nächsten M re zus str – 1 M re – *den U + nächste M re zus str – 2 M re*. Von * bis * insg 3 Mal str. Den U + M re zus str – die mittleren 6 (8) 14 (16) M re str – *die nächste M re verschr mit dem U zus str – 2 M re*. Von * bis * insg 4 Mal str.

Die M mit U re verschr zus str – 1 M re – M mit U re verschr zus str – 2 M re.
Über den Ärmel – den Rücken – den zweiten Ärmel bis zum Rundenanfang str.

HALSRAND
Runde 1: 96 (96) 112 (112) M re.
Runde 2: 96 (96) 112 (112) M li.
Runde 3: Wie Runde 2.
Runde 4: Wie Runde 2.

Alle M re abk.

FERTIGSTELLUNG
Die Fäden vernähen. Die Ärmel am Armausschnitt an das Körperteil nähen.

Den Pullover in lauwarmen Wasser spülen. Vorsichtig in der Waschmaschine schleudern.
Den Pullover auf einem Bügel zum Trocknen aufhängen. Ein Geschirrtuch unter jeder Schulter verhindert Ausbeulungen durch den Bügel.

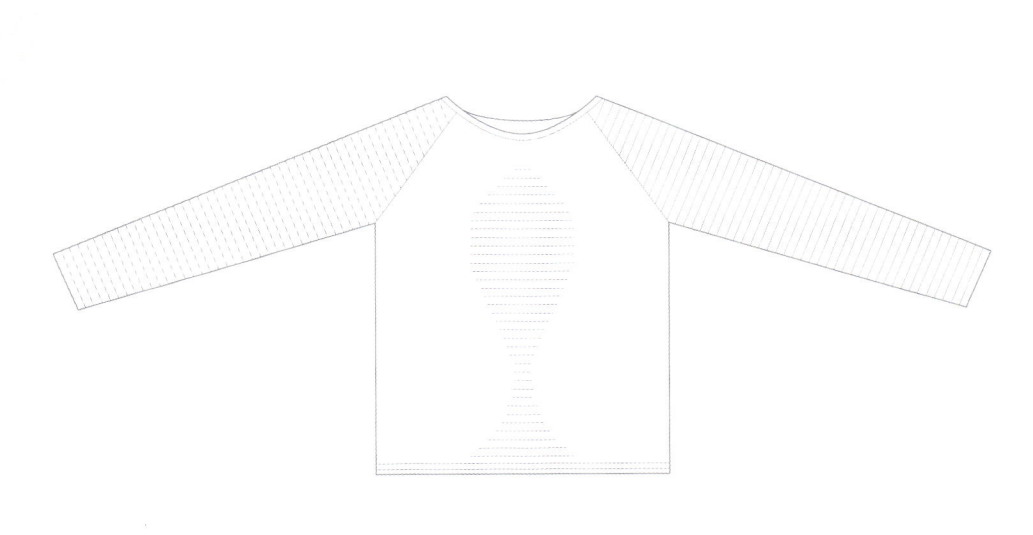

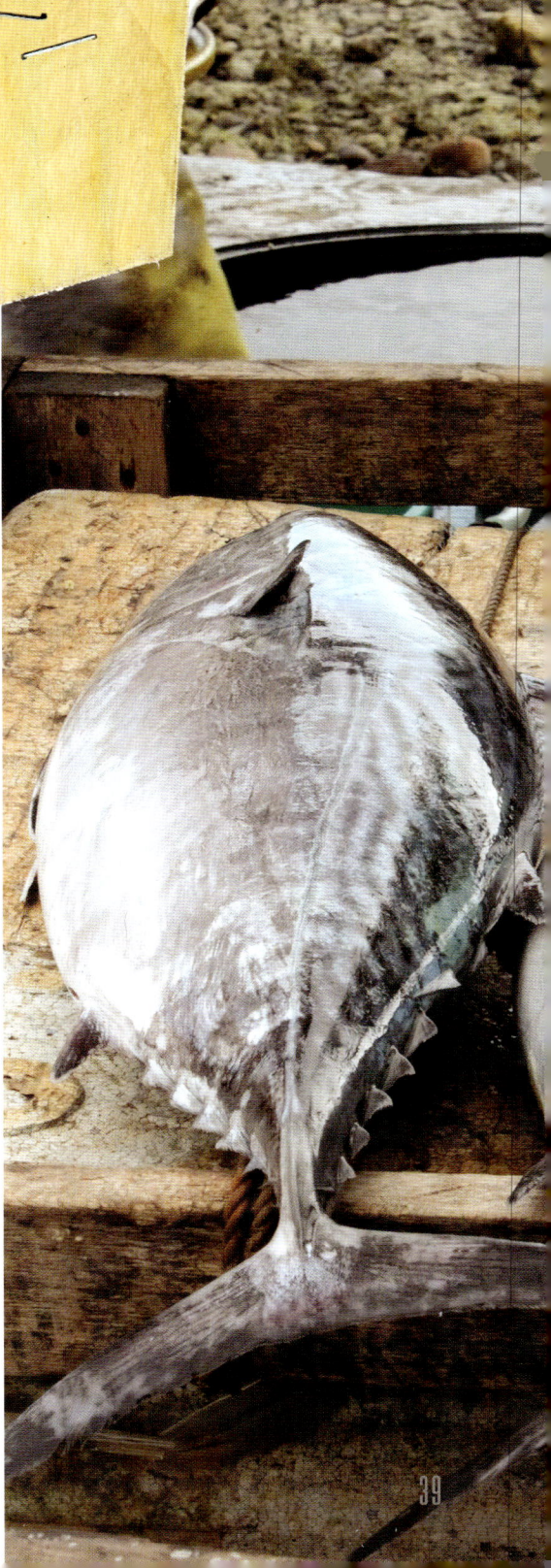

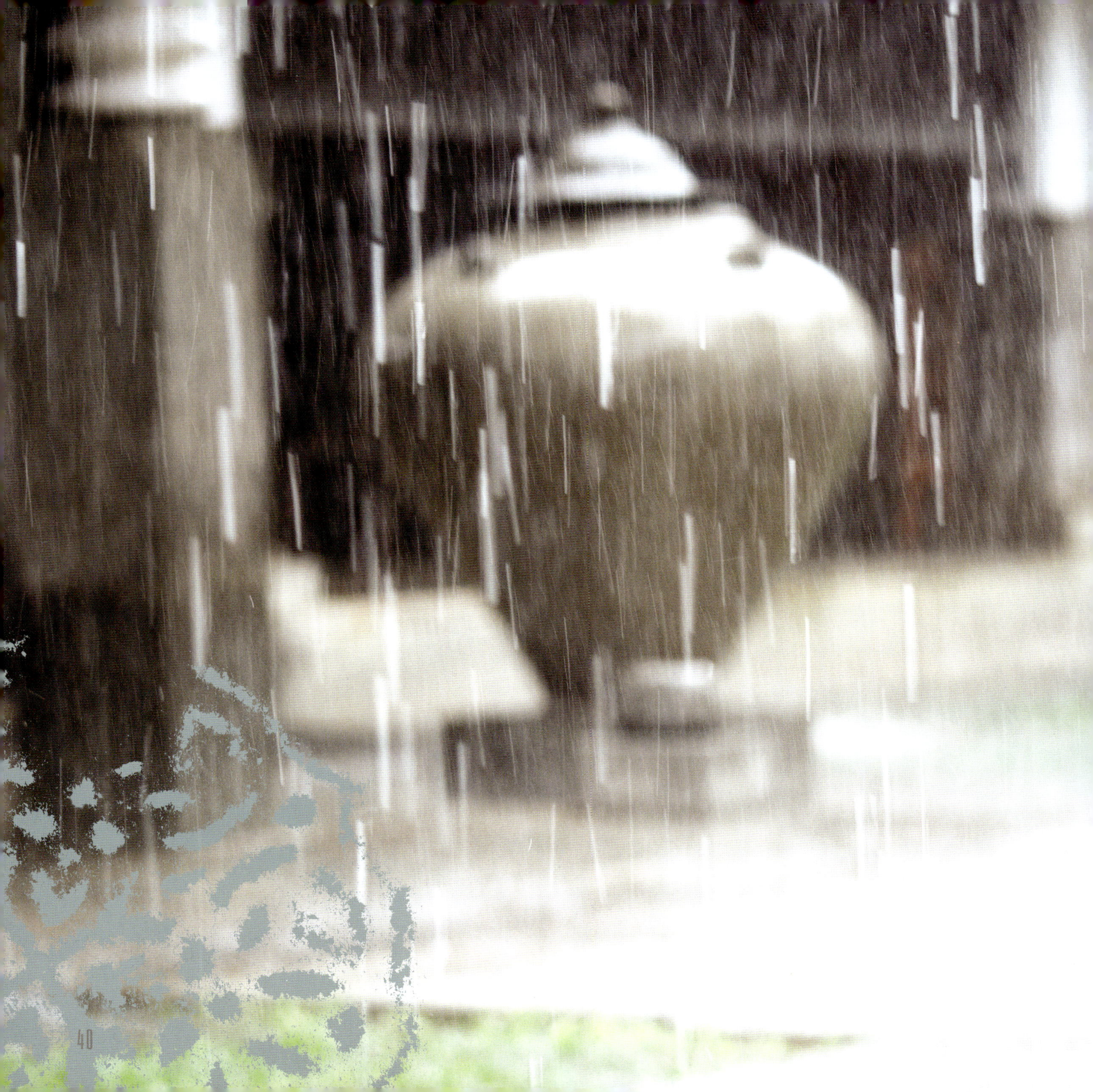

MONSUN

Gr: S (M) L (XL)

Halbe Oberweite: 45 (49) 53 (56) cm
Schulterbreite: 34 (36) 38 (40) cm
Länge: 54 (56) 57 (58) cm
Ärmellänge innen: 44 cm

MATERIAL

150 (150) 200 (200) g Isager Alpaca 1 Farbe 16
200 (200) 250 (250) g Spinni Farbe 16
Mit beiden Fäden zusammen stricken

7 Knöpfe

Rundnadel und Nadelspiel Nr. 3 und 3½

Maschenprobe in glatt rechts und mit Nd Nr. 3½:
10 cm = 23 M und 32 R

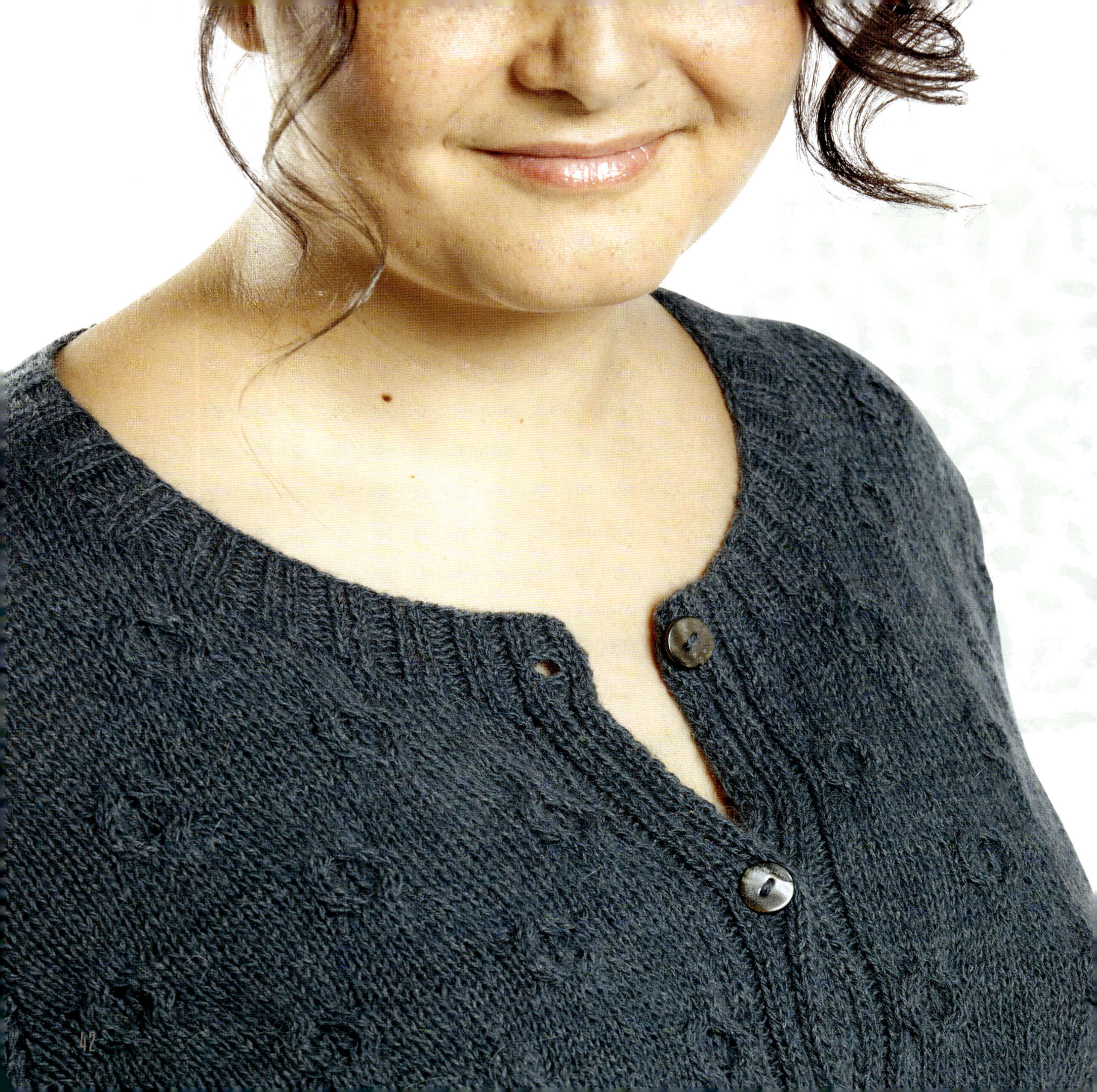

KÖRPER

228 (244) 260 (276) M mit Nd Nr. 3 anschlagen.
In R hin und her str.
Reihe 1 = RückR: 1 M abh mit dem Faden vor der Arbeit = 1 M abh Fv – 2 M li – *2 M re – 2 M li*. Von * bis * wdh. Enden mit 1 M re.
Reihe 2: 1 M abh Fv – *2 M re – 2 M li*. Von * bis * wdh. Enden mit 3 M re.
Reihe 1 und 2 wdh. Nach 3 Reihen mit einer Reihe 1 enden.

1. KNOPFLOCH: 1 M abh Fv – 2 M re – 2 M li zus –2 neue M anschl – 2 M re zus – 2 M li – *2 M re – 2 M li*. Von * bis * wdh. Enden mit 3 M re.
19 R in Rippen str.
Das 2. KNOPFLOCH wie das 1. KNOPFLOCH str.
1 R in Rippen str = 7 cm.

Zu Nd Nr. 3½ wechseln.
Für das MUSTER ZUNAHMEN str:
Gr. S (M): 1 M abh Fv – 2 M re – 2 M li – 2 M re – 2 M li – *6 M re – 1 neue M, dafür den Querfaden zwischen den M verdreht auf die li Nd heben und re str*. Von * bis * wdh, bis noch 15 (19) M auf der Nd sind. 6 (10) M re str – 2 M li – 2 M re – 2 M li – 3 M re = 262 (280) M.

Gr. L (XL): 1 M abh Fv – 2 M re – 2 M li – 2 M re – 2 M li – 10 (12) M re – *1 neue M, dafür den Querfaden zwischen den M verdreht auf die li Nd heben und re str – 6 M re*. Von * bis * wdh, bis noch 13 (15) M auf der Nd sind. 4 (6) M re str – 2 M li – 2 M re – 2 M li – 3 M re = 298 (316) M.

MUSTER

A = 2 M auf eine Hilfsnadel hinter die Arbeit legen – 2 M re str – die 2 M der Hilfsnd re str.
B = 2 M auf eine Hilfsnd vor die Arbeit legen– 2 M re str – die 2 M der Hilfsnd re str.

Reihe 1: 1 M abh Fv – 2 M li – 2 M re – 2 M li – 2 M re – 244 (262) 280 (298) M li – 2 M re – 2 M li – 2 M re – 2 M li – 1 M re.
Reihe 2: 1 M abh Fv – 2 M re – 2 M li – 2 M re – 2 M li – 244 (262) 280 (298) M re – 2 M li – 2 M re – 2 M li – 3 M re.
Reihe 3: Wie Reihe 1.
Reihe 4: Wie Reihe 2.
Reihe 5: Wie Reihe 1.
Reihe 6: Wie Reihe 2.
Reihe 7: Wie Reihe 1.
Reihe 8: 1 M abh Fv – 2 M re – 2 M li – 2 M re – 2 M li – 1 M re – *A – B – 10 M re*. Von * bis * wdh. Enden mit: A – B – 1 M re – 2 M li – 2 M re – 2 M li – 3 M re.
Reihe 9: Wie Reihe 1.
Reihe 10: Wie Reihe 2.
Reihe 11: Wie Reihe 1.
Reihe 12: 1 M abh Fv – 2 M re – 2 M li – 2 M re – 2 M li – 1 M re – *B – A – 10 M re*. Von * bis * wdh. Enden mit: B – A – 1 M re – 2 M li – 2 M re – 2 M li – 3 M re.
Reihe 13: Wie Reihe 1.
Reihe 14: Wie Reihe 2.
Reihe 15: Wie Reihe 1.
Reihe 16: Wie Reihe 2.
Reihe 17: Wie Reihe 1.
Reihe 18: Wie Reihe 2.
Reihe 19: Wie Reihe 1.
Reihe 20: 1 M abh Fv – 2 M re – 2 M li – 2 M re – 2 M li – 10 M re – *A – B – 10 M re*. Von * bis * wdh. Enden mit: A – B – 10 M re – 2 M li – 2 M re – 2 M li – 3 M re.
Reihe 21: Wie Reihe 1.

Reihe 22 mit 3. KNOPFLOCH: 1 M abh Fv – 2 M re – 2 M li zus – 2 neue M anschl – 2 M re zus – 2 M li – 244 (262) 280 (298) M re – 2 M li – 2 M re – 2 M li – 3 M re.
Reihe 23: Wie Reihe 1.
Reihe 24: 1 M abh Fv – 2 M re – 2 M li – 2 M re – 2 M li – 10 M re – *B – A – 5 M re*. Von * bis * wdh. Enden mit: B – A – 10 M re – 2 M li – 2 M re – 2 M li – 3 M re.

Das MUSTER mit KNOPFLÖCHERN wdh, bis 6 KNOPFLÖCHER gestr sind.
Enden nach einer Reihe 2 = 38 cm.

In einer RückR für den Armausschnitt abk:
1 M abh Fv – 2 M li – 2 M re – 2 M li – 2 M re – 56 (60) 65 (69) M li – 6 (8) 6 (8) M abk – 120 (126) 138 (144) M li str (die 1. M ist bereits auf der Nd) – 6 (8) 6 (8) M abk – 56 (60) 65 (69) M li str (die 1. M ist bereits auf der Nd) – 2 M re – 2 M li – 2 M re – 2 M li – 1 M re.

Vorderteil und Rücken nun für sich fertig str.

RECHTES VORDERTEIL

Im Muster weiterstricken, aber Zöpfe nur str, wenn für A und B zusammen genügend M vorhanden sind.
2 (2) 3 (3) Mal 3 M an der Ärmelseite abk = 59 (63) 65 (69) M.
2 (2) 3 (3) Mal 2 M an der Ärmelseite abk = 55 (59) 59 (63) M.
4 (4) 2 (2) Mal 1 M an der Ärmelseite abk = 51 (55) 57 (61) M.
1 R str.
Die äußerste M am Ärmelrand in allen R re str.

Für den HALSAUSSCHNITT mit WENDEN str.
An der Ärmelseite beg:
Reihe 1: 42 (46) 48 (52) M str. Wenden.
Reihe 2: 1 verschr U – 42 (46) 48 (52) M str.
Reihe 3: 39 (43) 45 (49) M. Wenden.
Reihe 4: 1 verschr U – 39 (43) 45 (49) M.
Reihe 5: 36 (40) 42 (46) M. Wenden.
Reihe 6: 1 verschr U – 36 (40) 42 (46) M.
Reihe 7: 33 (37) 40 (44) M. Wenden.
Reihe 8: 1 verschr U – 33 (37) 40 (44) M.
Reihe 9: 31 (35) 38 (41) M. Wenden.

Reihe 10: 1 verschr U – 31 (35) 38 (41) M.
Reihe 11: 29 (33) 37 (39) M. Wenden.
Reihe 12: 1 verschr U – 29 (33) 37 (39) M.
Reihe 13: 27 (31) 36 (37) M. Wenden.
Reihe 14: 1 verschr U – 27 (31) 36 (37) M.
Reihe 15: 26 (30) 35 (36) M. Wenden.
Reihe 16: 1 verschr U – 26 (30) 35 (36) M.
Weiterhin 1 M vor dem letzten U wenden, bis für die Schulter 21 (24) 26 (27) M übrig sind.
Nach der letzten Wende KEINEN U str.

9 (13) 11 (13) R über die restl 21 (24) 26 (27) M str.
Der Armausschnitt misst ca. 16 (18) 18 (20) cm.
Die M auf der Nd lassen.

LINKES VORDERTEIL

Das zweite Vorderteil auf die gleiche Weise str, aber ohne Knopflöcher.
Mit dem Abk für den Armausschnitt nun in einer HinR beg mit 3 M abk.
Die Schulter endet mit einer RückR.

RÜCKEN

Im MUSTER weiter stricken.
Mit einer HinR beg.
Beidseitig 3 (3) 4 (4) Mal 2 M abk = 108 (114) 122 (128) M.
Beidseitig 8 (8) 9 (9) Mal 1 M abk = 92 (98) 104 (110) M.
24 (30) 28 (32) R ohne Abk gerade hoch str.

Für den Nacken M abk: 31 (34) 36 (37) M str – 30 (30) 32 (36) M etwas fester als normal abk –
31 (34) 36 (37) M str (die 1. M ist bereits auf der Nd).
Jede Schulter für sich fertig str.
Am Nacken erst 6 M – danach noch einmal 4 M abk.
Enden mit einer RückR.

Die Schultern zus str, dafür Vorderteil und Rücken rechts auf rechts aneinanderlegen und mit einer dritten Nd die gegenüberliegenden M zus str und gleichzeitig dabei abk.

Die zweite Schulter auf die gleiche Weise mit dem Vorderteil zus str.

HALSRAND

Von außen mit Nd Nr. 3 die ersten 8 M am Anfang des rechten Vorderteils in Rippen str. Die nächste M mit dem U li zus str. Re bis zur letzten M vor dem nächsten U str und diese re verschr mit dem U zus str. Solange wdh, bis keine M mehr übrig sind = 30 (31) 31 (34) M.
9 (12) 10 (12) neue M bis zur Schulternaht heraus str.
46 (46) 50 (52) neue M aus der Abkettreihe am Nacken heraus str.
9 (12) 10 (12) neue M bis zur ersten M am linken Vorderteil heraus str.
1 M re str – den U mit der nächsten M re zus str.
Wdh und den letzten U mit der nächsten M li zus str – die letzten 8 M in Rippen str = 124 (132) 132 (144) M.
Reihe 1: 1 M abh Fv – 2 M li – *2 M re – 2 M li*. Von * bis * wdh.
Enden mit 1 M re.
Reihe 2: 1 M abh Fv – *2 M re – 2 M li*. Von * bis * wdh. Enden mit 3 M re.
Reihe 3: Wie Reihe 1.
Reihe 4 mit 7. KNOPFLOCH: 1 M abh Fv – 2 M re – 2 M li zus – 2 neue M anschl – 2 M re zus – in Rippen weiterstricken.

Noch 5 R in Rippen str.
In Rippen abk. Die M im Nacken ein wenig fester als die M am Vorderteil abk.

ÄRMEL

56 (60) 60 (64) M mit Nadelspiel Nr. 3 anschlagen.
24 Rd in Rippen str: *2 M re – 2 M li*.
Von * bis * wdh.

Zu Nd Nr. 3½ wechseln.
Für das MUSTER ZUNAHMEN str: 1 (3) 3 (5) M re – *1 neue M, dafür den Querfaden zwischen den M verdreht auf die li Nd heben und re str – 6 M re*. Von * bis * wdh.
Enden mit: 1 neue M – 1 (3) 3 (5) M re = 66 (70) 70 (74) M.

MUSTER

7 Rd re str.
Zopfreihe: 2 (4) 4 (6) M re – *A – B – 10 M re*. Von * bis * wdh. Enden mit: A – B – 2 (4) 4 (6) M re.
3 Rd re str.
Zopfreihe: 2 (4) 4 (6) M re – *B – A – 10 M re*. Von * bis * wdh. Enden mit: B – A – 2 (4) 4 (6) M re.

3 Rd re str.
1. ZUNAHME: 1 M re – 1 neue M – 64 (68) 68 (72) M – 1 neue M – 1 M re.
3 Rd re str.
Zopfreihe: 12 (14) 14 (16) M re – *A – B – 10 M re*. Von * bis * wdh. Enden mit: A – B – 12 (14) 14 (16) M re.
3 Rd re str.
Zopfreihe: 12 (14) 14 (16) M re – *B – A – 10 M re*. Von * bis * wdh. Enden mit: B – A – 12 (14) 14 (16) M re.

3 Rd re str.
2. ZUNAHME: 1 M re – 1 neue M – 66 (70) 70 (74) M – 1 neue M – 1 M re.
3 Rd re str.
Zopfreihe: 4 (6) 6 (8) M re – *A – B – 10 M re*. Von * bis * wdh. Enden mit: A – B – 4 (6) 6 (8) M re.
3 Rd re str.
Zopfreihe: 4 (6) 6 (8) M re – *B – A – 10 M re*. Von * bis * wdh. Enden mit: B – A – 4 (6) 6 (8) M re.
3 Rd re str.
3. ZUNAHME: 1 M re – 1 neue M – 68 (72) 72 (76) M – 1 neue M – 1 M re.

3 Rd re str.
Zopfreihe: 14 (16) 16 (0) M re – *A – B – 10 M re*. Von * bis * wdh. Enden mit: A – B – 14 (16) 16 (0) M re.
3 Rd re str.
Zopfreihe: 14 (16) 16 (0) M re – *B – A – 10 M re*. Von * bis * wdh. Enden mit: B – A – 14 (16) 16 (0) M re.
3 Rd re str.
4. ZUNAHME: 1 M re – 1 neue M – 70 (74) 74 (78) M – 1 neue M – 1 M re.
3 Rd re str.
Zopfreihe: 6 (8) 8 (10) M re – *A – B – 10 M re*. Von * bis * wdh. Enden mit: A – B – 6 (8) 8 (10) M re.
3 Rd re str.
Zopfreihe: 6 (8) 8 (10) M re – *B – A – 10 M re*. Von * bis * wdh. Enden mit: B – A – 6 (8) 8 (10) M re.

Die ZUNAHMEN in jeder 12. Rd wdh, bis es 84 (88) 88 (92) M sind.

Die neuen M in das Muster einfügen, sobald es möglich ist. Weiterstricken, bis der Ärmel ca. 44 cm misst. Nach einer Zopfreihe mit einer ungeraden Rundenanzahl enden.

Im Muster so lange wie möglich weiterstricken, aber Zöpfe nur str, wenn für A und B zusammen genügend M vorhanden sind.
Am Anfang der R 3 M abk. Die R zu Ende str und wenden.
Am Anfang der RückR auch 3 M abk= 78 (82) 82 (86) M.

In R hin und her str.
Am Anfang der R für die Armkugel abk:
Beidseitig 3 Mal 2 M abk = 66 (70) 70 (74) M.
Beidseitig 15 (17) 17 (19) Mal 1 M abk = 36 M.
Beidseitig 3 Mal 2 M abk = 24 M.
Beidseitig 2 Mal 3 M abk = 12 M.
Alle M abk.

Den zweiten Ärmel auf die gleiche Weise str.

FERTIGSTELLUNG
Die Ärmel mit Nadeln im Armausschnitt feststecken. Dann die Ärmel von außen einnähen
Die Fäden vernähen. Die Knöpfe annähen.

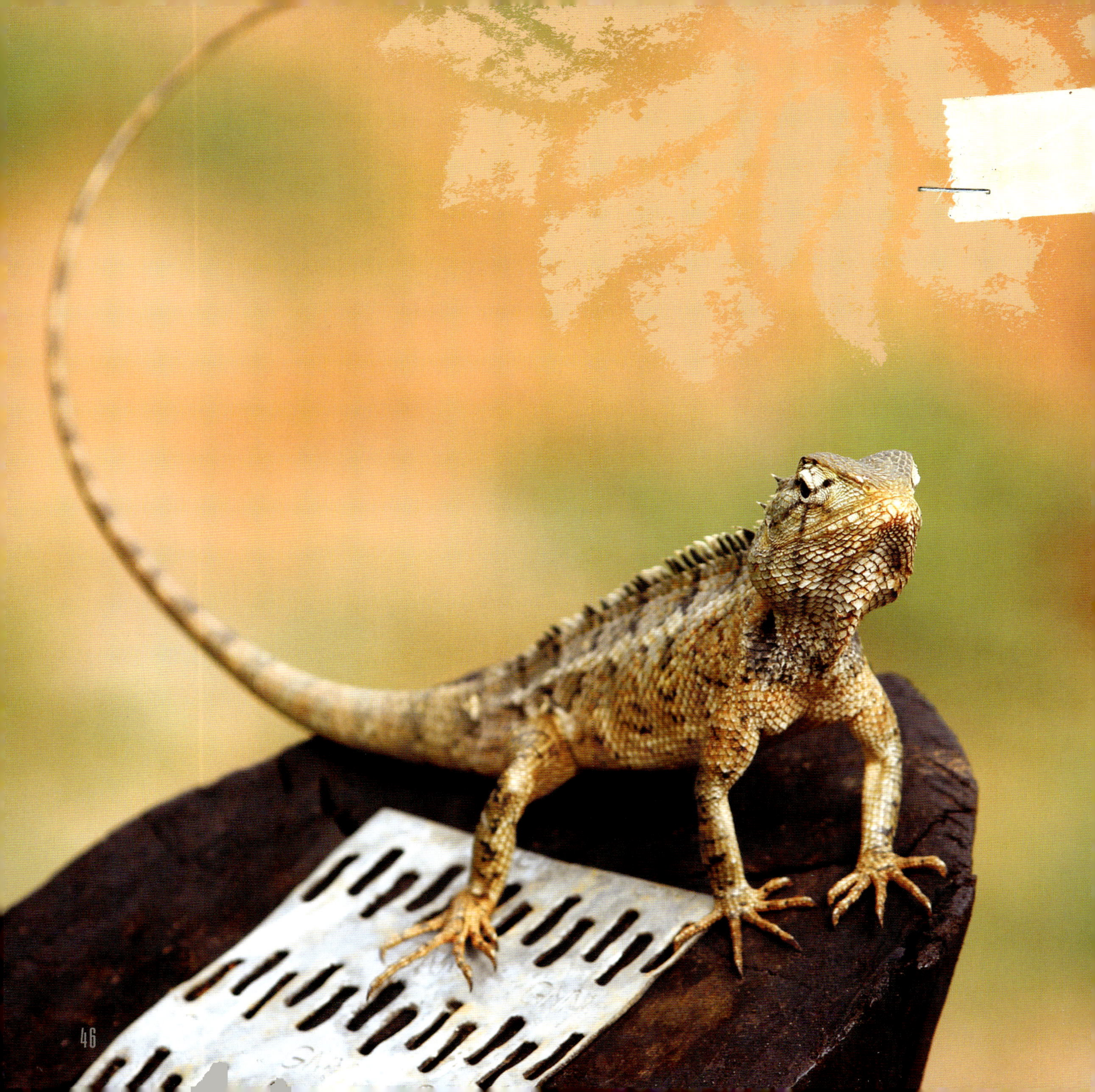

GECKO

Gr: S (M) L (XL)

Vorderteil: 46 (50) 54 (58) cm
Rücken: 46 (52) 55 (60) cm
Länge: 59 (60) 62 (63) cm
Ärmellänge unter dem Arm: 43 cm

MATERIAL

A: 100 g Highland Farbe Clay
B: 100 (150) 150 (150) g Highland Farbe Curry
C: 100 (150) 150 (150) g Highland Farbe Ocean
D: 10 g Highland Farbe Hay

Rundnadel und Strumpfnadeln Nr. 3

Maschenprobe in glatt rechts: 10 cm = 28 M und 36 R
Maschenprobe für das Vorderteil: 10 cm = 30 M und 40 R
Maschenprobe für den Rücken: 10 cm = 37 M und 38 R
Maschenprobe für die Ärmel: 10 cm = 28 M und 46 R

VORDERTEIL

140 (152) 164 (176) M mit A und Nd Nr. 3 anschl.
In Reihen hin und her str.
Die erste und letzte M in allen R re str.

Reihe 1 (Rückreihe): 1 M re – *3 M re – 3 M li*.
Von * bis * wdh. Enden mit 1 M re.
Reihe 2: Wie Reihe 1 str.
Reihe 3: Wie Reihe. 1 str.
Reihe 4 (Hinreihe): 1 M re – *3 M li – 3 M re*.
Von * bis * wdh. Enden mit 1 M re.
Reihe 5: Wie Reihe 4 str.
Reihe 6: Wie Reihe 4 str.
Reihe 7: Wie Reihe 4 str.
Reihe 8 (Hinreihe): Wie Reihe 1 str.

Reihe 1 – Reihe 8 wdh, bis das Vorderteil 39 cm misst.
Enden nach einer Rückr.

RAGLAN

Im Muster fortsetzen.
Am Anfang der nächsten beiden R 8 M abk = 124 (136) 148 (160) M.

Beidseitig am Anfang 1 Mal 1 M abk = 122 (134) 146 (158) M.
Beidseitig am Anfang 1 Mal 2 M abk = 118 (130) 142 (154) M.

Abwechselnd beidseitig 1 M und 2 M abk.
In jeder 4. R 3 M abk.
Fortsetzen, bis an jeder Seite 21 (24) 24 (27) M abgekettet sind = 82 (88) 100 (106) M.
HinR: 1 M abk – 81 (87) 99 (105) M str (die erste M ist bereits auf der Nd).
RückR: 1 M abk – 25 (25) 30 (30) M str (die erste M ist bereits auf der Nd) – 30 (36) 38 (44) M abk – 25 (25) 30 (30) M str (die erste M ist bereits auf der Nd).

Jede Seite nun für sich fertig str.
Die Abn an der Ärmelseite wie bisher fortsetzen.
Für den Halsausschnitt am Anfang der R 1 M abk.
Fortsetzen, bis noch 2 M auf der Nd sind.
Die M abk.

Die zweite Seite auf die gleiche Weise str. Am Halsausschnitt beg mit 1 M abk.

RÜCKEN

172 (192) 202 (222) M mit B und Nd Nr. 3 anschl.
In Reihen hin und her str.

Beschreibung Zopfmuster:

A: 2 M auf eine Zopfnd vor die Arbeit heben – 2 M li str – die 2 M der Hilfsnd re str.
B: 2 M auf eine Zopfnd hinter die Arbeit heben – 2 M re str – die 2 M der Hilfsnd li str.

Gr. S (M) MUSTER:

Reihe 1 (Rückreihe): 2 M re – *2 M li – 4 M re – 2 M li – 4 M re – 4 M li – 4 M re*. Von * bis * wdh. Enden mit 2 M li – 4 M re – 2 M li – 2 M re.
Reihe 2: 1 M re – 1 M li – *2 M re – 4 M li – 2 M re – 4 M li – 4 M re – 4 M li*. Von * bis * wdh. Enden mit: 2 M re – 4 M li – 2 M li – 1 M re.
Reihe 3: Wie Reihe 1.
Reihe 4 mit Zopf: 1 M re – 1 M li – *A – B – 2 M li – B – A – 2 M li*. Von * bis * wdh. Enden mit A – B – 1 M li – 1 M re.
Reihe 5: *4 M re – 4 M li – 4 M re – 2 M li – 4 M re – 2 M li*. Von * bis * wdh. Enden mit: 4 M re – 4 M li – 4 M re.
Reihe 6: 1 M re – 3 M li – *4 M re – 4 M li – 2 M re – 4 M li – 2 M re – 4 M li*. Von * bis * wdh. Enden mit: 4 M re – 3 M li – 1 M re.
Reihe 7: Wie Reihe 5.
Reihe 8 mit Zopf: 1 M re – 1 M li – * B – A – 2 M li – A – B – 2 M li*. Von * bis * wdh. Enden mit: B – A – 1 M li – 1 M re.

Gr. L (XL) MUSTER:

Reihe 1 (RückR): 2 M re – *2 M li – 4 M re – 2 M li – 4 M re – 4 M li – 4 M re*. Von * bis * wdh.
Reihe 2: 1 M re – *3 M li – 4 M re – 4 M li – 2 M re – 4 M li – 2 M re – 1 M li*. Von * bis * wdh. Enden mit: 1 M re.
Reihe 3: Wie Reihe 1.
Reihe 4 mit Zopf: 1 M re – *1 M l – B – A – 2 M li – A – B – 1 M li*. Von * bis * wdh. Enden mit: 1 M re.
Reihe 5: *4 M re – 4 M li – 4 M re – 2 M li – 4 M re – 2 M li*. Von * bis * wdh. Enden mit: 2 M re.
Reihe 6: 1 M re – *1 M li – 2 M re – 4 M li – 2 M re – 4 M li – 4 M re – 3 M li*. Von * bis * wdh. Enden mit: 1 M re.
Reihe 7: Wie Reihe 5.
Reihe 8 mit Zopf: 1 M re – *1 M li – A – B – 2 M li – B – A – 1 M li*. Von * bis * wdh. Enden mit: 1 M re.

ALLE Gr.:
Im Muster weiterstr, bis der Rücken 39 cm misst.
Enden nach einer Reihe 1 oder Reihe 5.

RAGLAN

Im Muster weiterstr.
Beidseitig am Anfang der R 10 M abk = 152 (172) 182 (202) M.

Wenn am Anfang der R der Zopf nicht mehr gestr werden kann, muss er auch am Ende der R weggelassen werden.

Gr. S (M)L:
Beidseitig am Anfang der R 1 Mal 1 M abk = 150 (170) 180 M.
Beidseitig am Anfang der R 2 (4) 4 Mal 2 M abk = 142 (154) 164 M.
Abwechselnd 1 Mal 1 M und 2 (4) 4 Mal 2 M beidseitig am Anfang der R abk.
Alle 6 (10) 10 R sind also 10 (18) 18 M abgekettet.
Weiterstr, bis an jeder Seite 51 (59) 63 M abgekettet sind = 50 (54) 56 M sind noch auf der Nd.

Gr. (XL):
Beidseitig am Anfang der R 36 Mal 2 M abk = 58 M sind noch auf der Nd.

Alle Gr:
Die restl M in einer HinR abk. Für das Abk der re M diese M erst 2 x 2 M zus str und dann abk. Auf diese Weise bekommt der Halsausschnitt seinen festen Halt.

RECHTER ÄRMEL

57 (61) 61 (65) M mit C und Strumpfnd Nr. 3 anschl.
In Runden str.

MUSTER

Runde 1: *1 M re – 3 M li*. Von * bis * wdh. Enden mit: 1 M re.
Runde 2: alle M re.
Runde 3: alle M re.
Runde 4: alle M re.

Runde 1 – Runde 4 wdh, bis insg 16 Rd gestr sind.

1. ZUNAHME: 1 M li – 1 neue M re, dafür den Querfaden zw den M einmal verdreht auf die li Nd heben und re str – im Muster weiterstr: *3 M li – 1 M re*. Von * bis * wdh. Enden mit: 3 M li – 1 neue M re – 1 M li = 59 (63) 63 (67) M.
3 Rd re str.
Runde 1: 1 M li – *1 M re – 3 M li*. Von * bis * wdh. Enden mit: 1 M re – 1 M li.
3 Rd re str.

2. ZUNAHME: 1 M li – 1 neue M li, dafür den Querfaden zw den M einmal verdreht auf die li Nd heben und li str – im Muster weiterstr: *1 M re – 3 M li*. Von * bis * wdh. Enden mit: 1 M re – 1 neue M li – 1 M li = 61 (65) 65 (69) M.
3 Rd re str.
Runde 1: 2 M li – *1 M re – 3 M li*. Von * bis * wdh. Enden mit: 1 M re – 2 M li.
3 Rd re str.

3. ZUNAHME: 1 M li – 1 neue M li – 1 M li – im Muster weiterstr: *1 M re – 3 M li*. Von * bis * wdh. Enden mit: 1 M re – 1 M li – 1 neue M li – 1 M li = 63 (67) 67 (71) M.
3 Rd re str.
Runde 1: *3 M li – 1 M re*. Von * bis * wdh. Enden mit: 3 M li.
3 Rd re str.

4. ZUNAHME: 1 M re – 1 neue M li – 2 M li – im Muster weiterstr: *1 M re – 3 M li*. Von * bis * wdh. Enden mit: 1 M re – 2 M li – 1 neue M li – 1 M re = 65 (69) 69 (73) M.
3 Rd re str.
Runde 1: *1 M re – 3 M li*. Von * bis * wdh. Enden mit: 1 M re.
3 Rd re str.

Die Zunahmen in jeder 8. Rd wdh, bis es 87 (91) 103 (107) M sind.
Gr. S (M): Danach die Zunahmen in jeder 12. Rd wdh, bis es 95 (99) M sind.

Weiterstr, bis der Ärmel 43 cm misst.
Enden nach einer Rd 2 oder Rd 4.

Weiter str im Muster.
Für den Raglan den Ärmel teilen und am Anfang der R 7 M abk.
Die R zu Ende str und die Arbeit wenden. In der RückR ebenfalls 7 M abk.
Die R zu Ende str = 81 (85) 89 (93) M.

In R hin und her str.
Beidseitig am Anfang der R 23 (25) 27 (29) Mal 1 M abk = es sind noch 35 M.

SCHULTER
Am Anfang der HinR 4 M abk – R zu Ende str.
Am Anfang der RückR 1 M abk – R zu Ende str.
Diese 2 R wdh, bis keine M mehr übrig sind. Die höhere Seite des Ärmels ist am Rücken.

LINKER ÄRMEL
Bis zur SCHULTER wie den RECHTEN ÄRMEL str.

SCHULTER
Am Anfang der HinR 1 M abk.
Am Anfang der RückR 4 M abk.
Diese 2 R wdh, bis keine M mehr übrig sind.

FERTIGSTELLUNG
Die Seitennähte zusammennähen. Die Ärmel mit Stecknadeln an das Körperteil stecken und dann von außen annähen. Die Fäden vernähen.

HALSRAND
Mit D und Nd Nr. 3 Maschen rund um den Halsausschnitt wie folgt herausstr:
36 (38) 40 (42) M aus dem Rücken – 24 M aus dem Ärmel – 14 (14) 16 (16) M aus dem schrägen Stück des Vorderteils – 28 (34) 36 (42) M aus den abgeketteten M des Vorderteils – 14 (14) 16 (16) M aus dem schrägen Stück des Vorderteils – 24 M aus dem Ärmel = 140 (148) 156 (164) M.

In R hin und her str.
3 R re str.
Alle M abk. Den Halsrand zusammennähen und die Fäden vernähen.

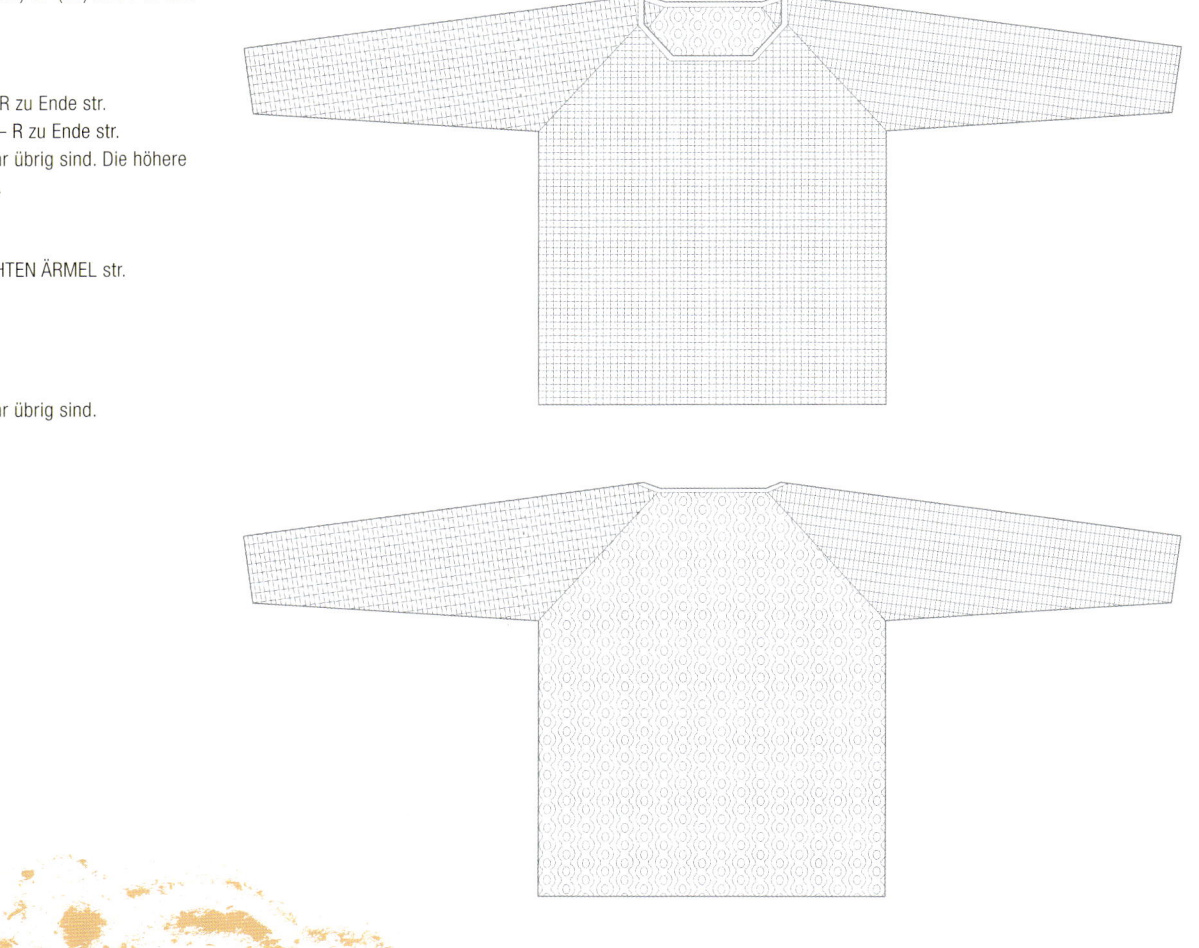

51

52

NATURSTRUKTUR

Gr: S (M) L (XL)

Halbe Oberweite: 46 (50) 53 (57) cm
Schulterbreite: 32 (35) 37 (40) cm
Länge: 54 (55) 56 (57) cm
Ärmellänge innen: 44 cm

MATERIAL
250 (250) 300 (350) g Highland Farbe Stone
150 (200) 200 (200) g Isager Alpaca 1 Farbe 7s
Mit beiden Fäden zusammen stricken.

7 Knöpfe

Rundnadel Nr. 3½ und 4
Nadelspiel Nr. 4

Maschenprobe in glatt rechts mit Nd Nr. 4:
10 cm = 21 M und 28 R

Zopfmuster
A: 4 M auf eine Hilfsnd vor die Arbeit setzen – 4 M re str – die 4 M der Hilfsnd re str.
B: 4 M auf eine Hilfsnd hinter die Arbeit setzen– 4 M re str – die 4 M der Hilfsnd re str.

Die Jacke beginnt oben an der Schulter.

SCHULTER FÜR DEN RÜCKEN
24 (26) 28 (30) M mit beiden Fäden und Nd Nr. 4 anschl.
Reihe 1 (RückR): 2 (3) 4 (5) M re – 20 M li – 2 (3) 4 (5) M re.
Reihe 2: 1 M re – 1 (2) 3 (4) M li – 20 M re – 1 (2) 3 (4) M li – 1 M re.
Reihe 3: wie Reihe 1.
Reihe 4: 1 M re – 1 (2) 3 (4) M li – 4 M re – A – A – 1 (2) 3 (4) M li – 1 M re.
Reihe 5: wie Reihe 1.
Reihe 6: wie Reihe 2.
Reihe 7: wie Reihe 1.
Die Fäden abschneiden. Die M auf der Nd lassen.

Ein gleiches Teil str, aber den Faden nicht abschneiden.

RÜCKEN
Die beiden Schultern zusammensetzen: 1 M re – 1 (2) 3 (4) M li – 20 M re – 2 (3) 4 (5) M li – in Verlängerung dieser R 36 (38) 40 (42) neue M anschlagen – über die andere Schulter weiterstr: 2 (3) 4 (5) M li – 20 M re – 1 (2) 3 (4) M li – 1 M re = 84 (90) 96 (102) M.

Reihe 1 (RückR): 2 (3) 4 (5) M re – 20 M li – 2 (3) 4 (5) M re – 8 M li – 2 (3) 4 (5) M re – 16 M li – 2 (3) 4 (5) M re – 8 M li – 2 (3) 4 (5) M re – 20 M li – 2 (3) 4 (5) M re.
Reihe 2: 1 M re – 1 (2) 3 (4) M li – 20 M re – 2 (3) 4 (5) M li – 8 M re –2 (3) 4 (5) M li – 16 M re – 2 (3) 4 (5) M li – 8 M re – 2 (3) 4 (5) M li – 20 M re – 1 (2) 3 (4) M li – 1 M re.
Reihe 3: wie Reihe 1.
Reihe 4: 1 M re – 1 (2) 3 (4) M li – B – B – 4 M re – 2 (3) 4 (5) M li – A – 2 (3) 4 (5) M li – A – B – 2 (3) 4 (5) M li – A – 2 (3) 4 (5) M li – B – B – 4 M re – 1 (2) 3 (4) M li – 1 M re.
Reihe 5: wie Reihe 1.
Reihe 6: wie Reihe 2.
Reihe 7: wie Reihe 1.
Reihe 8: wie Reihe 2.
Reihe 9: wie Reihe 1.
Reihe 10: wie Reihe 2.
Reihe 11: wie Reihe 1.
Reihe 12: 1 M re – 1 (2) 3 (4) M li – 4 M re – A – 2 (3) 4 (5) M li – A – 2 (3) 4 (5) M li – 16 M re – 2 (3) 4 (5) M li – A – 2 (3) 4 (5) M li – 4 M re – A – A – 1 (2) 3 (4) M li – 1 M re.
Reihe 13: wie Reihe 1.
Reihe 14: wie Reihe 2.
Reihe 15: wie Reihe 1.
Reihe 16: wie Reihe 2.

Reihe 1 – Reihe 13 str.
ZUNAHME:
Reihe 14: 1 M re – 1 (2) 3 (4) M li – 20 M re – 2 (3) 4 (5) M li – 8 M re – 2 (3) 4 (5) M li – 16 M re – 2 (3) 4 (5) M li – 8 M re – 2 (3) 4 (5) M li – 20 M re – 1 (2) 3 (4) M li – 2 M aus der letzten M str
(= von vorne und hinten in die M stechen).
Reihe 15: 3 (4) 5 (6) M re – 20 M li – 2 (3) 4 (5) M re – 8 M li – 2 (3) 4 (5) M re – 16 M li – 2 (3) 4 (5) M re – 8 M li – 2 (3) 4 (5) M re – 20 M li – 1 (2) 3 (4) M re – 2 M aus der letzten M str = 86 (92) 98 (104) M.
Reihe 16: 1 M re – 2 (3) 4 (5) M li – 20 M re – 2 (3) 4 (5) M li – 8 M re – 2 (3) 4 (5) M li – 16 M re – 2 (3) 4 (5) M li – 8 M re – 2 (3) 4 (5) M li – 20 M re – 2 (3) 4 (5) M li – 2 M aus der letzten M str.

Reihe 1: 1 M re – 1 M li – 2 (3) 4 (5) M re – 20 M li – 2 (3) 4 (5) M re – 8 M li – 2 (3) 4 (5) M re – 16 M li – 2 (3) 4 (5) M re – 8 M li – 2 (3) 4 (5) M re – 20 M li – 2 (3) 4 (5) M re – 2 M aus der letzten M str = 88 (94) 100 (106) M.
Reihe 2: 2 M re – 2 (3) 4 (5) M li – 20 M re – 2 (3) 4 (5) M li – 8 M re – 2 (3) 4 (5) M li – 16 M re – 2 (3) 4 (5) M li – 8 M re – 2 (3) 4 (5) M li – 20 M re – 2 (3) 4 (5) M li – 1 M re – 2 M aus der letzten M str.
Reihe 3: 1 M re – 2 M li – 2 (3) 4 (5) M re – 20 M li – 2 (3) 4 (5) M re – 8 M li – 2 (3) 4 (5) M re – 16 M li – 2 (3) 4 (5) M re – 8 M li – 2 (3) 4 (5) M re – 20 M li – 2 (3) 4 (5) M re – 1 M li – 2 M aus der letzten M str = 90 (96) 102 (108) M.
Reihe 4 – Reihe 13 weiter str mit Zöpfen und 2 M aus der letzten M wie bisher = 100 (106) 112 (118) M. Auch mit den 8 neuen M an beiden Seiten Zöpfe str. Sie werden zusammen mit den anderen Zöpfen in jeder 8. R gestr.

Gr S:
Reihe 14: 8 M re – 2 M li – 20 M re – 2 M li – 8 M re – 2 M li – 16 M re – 2 M li – 8 M re – 2 M li – 20 M re – 2 M li – 8 M re – in Verlängerung der R 2 neue M anschl.
Reihe 15: 2 M re – 8 M li – 84 M im Muster – 8 M li – in Verlängerung der R 2 neue M anschl.
Reihe 16: 1 M re – 1 M li – 8 M re – 84 M im Muster – 8 M re – 2 M li – in Verlängerung der R 2 neue M anschl.
Reihe 1: 1 M re – 1 M li – 2 M re – 8 M li – 84 M im Muster – 8 M li – 2 M re – in Verlängerung der R 2 neue M anschl.
Reihe 2: 2 M re – 2 M li – 8 M re – 84 M im Muster – 8 M re – 2 M li – 2 M re = 108 M.
Die Fäden abschneiden.

Gr (M):
Reihe 14: 8 M re – 3 M li – 20 M re – 3 M li – 8 M re – 3 M li – 16 M re – 3 M li – 8 M re – 3 M li – 20 M re – 3 M li – 7 M re – 2 M aus der letzten M str.
Reihe 15: 1 M re – 8 M li – 90 M im Muster – 7 M li – 2 M aus der letzten M str.
Reihe 16: 9 M re – 90 M im Muster – 8 M re – 1 M li – in Verlängerung der R 2 neue M anschl.
Reihe 1: 3 M re – 8 M li – 90 M im Muster – 8 M li – 1 M re – in Verlängerung der R 2 neue M anschl.
Reihe 2: 1 M re – 2 M li – 8 M re – 90 M im Muster – 8 M re – 3 M li – in Verlängerung der R 2 neue M anschl.
Reihe 3: 1 M re – 1 M li – 3 M re – 8 M li – 90 M im Muster – 8 M li – 3 M re – in Verlängerung der R 2 neue M anschl.
Reihe 4: 2 M re – 3 M li – A – 3 M li – B – B – 4 M re – 3 M li – A – 3 M li – A – B – 3 M li – A – 3 M li – B – B – 4 M re – 3 M li – A – 3 M li – 2 M re = 116 M.
Die Fäden abschneiden.

Gr L:
Reihe 14: 8 M re – 4 M li – 20 M re – 4 M li – 8 M re – 4 M li – 16 M re – 4 M li – 8 M re – 4 M li – 20 M re – 4 M li – 7 M re – 2 M aus der letzten M str.
Reihe 15: 1 M re – 8 M li – 96 M im Muster – 7 M li – 2 M aus der letzten M str.
Reihe 16: 9 M re – 96 M im Muster – 8 M re – 2 M aus der letzten M str.
Reihe 1: 2 M re – 8 M li – 96 M im Muster – 8 M li – 2 M aus der letzten M str.

Reihe 2: 1 M re – 1 M li – 8 M re – 96 M im Muster – 20 M re – 4 M li – 8 M re – 2 M li – in Verlängerung der R 2 neue M anschl.

Reihe 3: 4 M re – 8 M li – 96 M im Muster – 8 M li – 2 M re – in Verlängerung der R 2 neue M anschl.
Reihe 4: 1 M re – 3 M li – A – 4 M li – B – B – 4 M re – 4 M li – A – 4 M li – A – B – 4 M li – A – 4 M li – B – B – 4 M re – 4 M li – A – 4 M li – in Verlängerung der R 2 neue M anschl.
Reihe 5: 1 M re – 1 M li – 4 M re – 8 M li – 96 M im Muster – 8 M li – 4 M re – in Verlängerung der R 2 neue M anschl.
Reihe 6: 2 M re – 4 M li – 8 M re – 96 M im Muster – 8 M re – 4 M li – 2 M re = 124 M .
Die Fäden abschneiden

Gr (XL):
Reihe 14: 8 M re – 4 M li – 20 M re – 4 M li – 8 M re – 4 M li – 16 M re – 4 M li – 8 M re – 4 M li – 20 M re – 4 M li – 7 M re – 2 M aus der letzten M str.
Reihe 15: 1 M re – 8 M li – 102 M im Muster – 7 M li – 2 M aus der letzten M str.
Reihe 16: 9 M re – 102 M im Muster – 8 M re – 2 M aus der letzten M str.
Reihe 1: 2 M re – 8 M li – 102 M im Muster – 8 M li – 2 M aus der letzten M str.
Reihe 2: 1 M re – 1 M li – 8 M re – 102 M im Muster – 8 M re – 1 M li – 2 M aus der letzten M str
Reihe 3: 3 M re – 8 M li – 102 M im Muster – 8 M li – 1 M re – 2 M aus der letzten M str.
Reihe 4: 1 M re – 2 M li – A – 5 M li – B – B – 4 M re – 5 M li – A – 5 M li – A – B – 5 M li – A – 5 M li – B – B – 4 M re – 5 M li – A – 3 M li – in Verlängerung der R 2 neue M anschl.
Reihe 5: 5 M re – 8 M li – 102 M im Muster – 8 M li – 3 M re – in Verlängerung der R 2 neue M anschl.
Reihe 6: 1 M re – 4 M li – 8 M re – 102 M im Muster – 8 M re – 5 M li – in Verlängerung der R 2 neue M anschl.

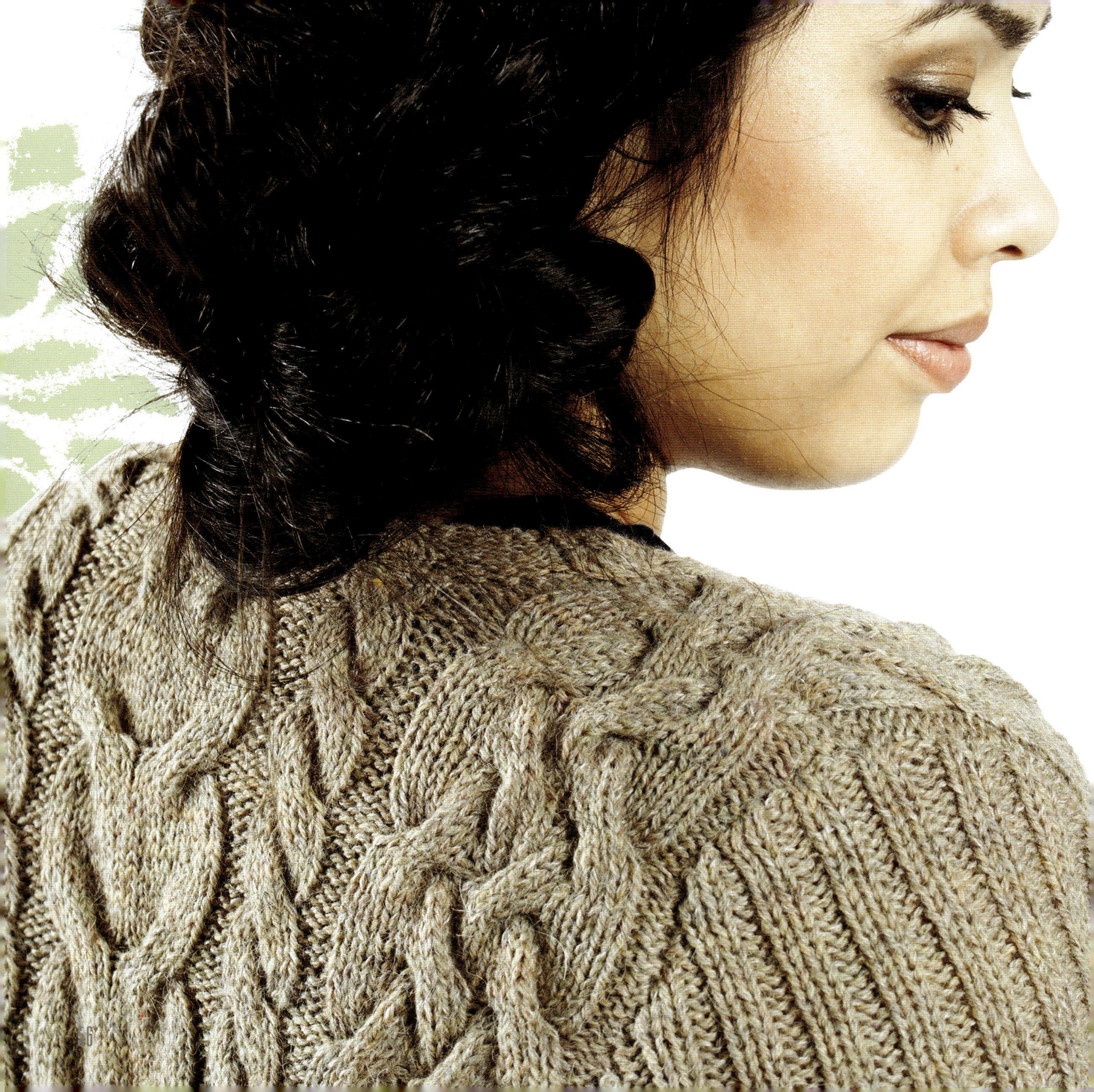

Reihe 7: 1 M re – 1 M li – 5 M re – 8 M li – 102 M im Muster – 8 M li – 5 M re – in Verlängerung der R 2 neue M anschl.
Reihe 8: 2 M re – 5 M li – 8 M re – 102 M im Muster – 8 M re – 5 M li – 2 M re = 132 M.
Die Fäden abschneiden

LINKES VORDERTEIL
Von der Außenseite 24 (26) 28 (30) M aus der Anschlagreihe der zuletzt gestrickten Schulter herausstricken. Bei der angezogenen Jacke ist dies die linke Schulter.

Reihe 1 (RückR): 2 (3) 4 (5) M re – 20 M li – 2 (3) 4 (5) M re.
Reihe 2: 1 M re – 1 (2) 3 (4) M li – 20 M re – 1 (2) 3 (4) M li – 1 M re.
Reihe 3: wie Reihe 1.
Reihe 4: 1 M re – 1 (2) 3 (4) M li – 4 M re – A – A – 1 (2) 3 (4) M li – 1 M re.
Reihe 5: wie Reihe 1.
Reihe 6: wie Reihe 2.
Reihe 7: wie Reihe 1.
Reihe 8: wie Reihe 2.
Reihe 9: wie Reihe 1.
Reihe 10: wie Reihe 2.
Reihe 11: wie Reihe 1.
Reihe 12: 1 M re – 1 (2) 3 (4) M li – B – B – 4 M re – 1 (2) 3 (4) M li – 1 M re.
Reihe 13: wie Reihe 1.
Reihe 14: wie Reihe 2.
Reihe 15: wie Reihe 1.
Reihe 16: wie Reihe 2.

Reihe 1 – Reihe 6 str.

ZUNAHMEN für den HALSAUSSCHNITT:
Reihe 7 (RückR): Im Muster str. 2 M aus der letzten M str.
Reihe 8: Im Muster str.
Die neuen M (aus dem hinteren Maschenbogen) in der HinR re str – in der RückR li str.
Die äußerste M in jeder R re str und weiterhin die Zopfreihen beachten.

Reihe 9 – Reihe 16: wie Reihe 7 – Reihe 8.
Reihe 1 – Reihe 7: wie Reihe 7 – Reihe 8.
Die letzte R ist eine Reihe 7 = RückR.
Es sind nun 9 Zun gestr = 33 (35) 37 (39) M.

Die ersten 8 M am Halsausschnitt in Reihe 4 und Reihe 12 als A str.
Die nächsten 2 (3) 4 (5) M in den HinR li str – und in den RückR re.

ZUNAHMEN für den ARMAUSSCHNITT
Die ersten 2 (3) 4 (5) M am Armausschnitt in den HinR li str – in den RückR re.
Die nächsten 8 M in den HinR re str – in den RückR li.
Die äußerste M in jeder R re str.

Reihe 8 (HinR): 2 M aus der letzten M str.
Reihe 9: 2 M aus der letzten M str.

Gr. S: Es sind nun 35 M.

Gr. (M): Reihe 10 – Reihe 11 wie
Reihe 8 – Reihe 9 str = 39 M.

Gr. L: Reihe 10 – Reihe 13 wie
Reihe 8 – Reihe 9 str = 43 M.

Gr. (XL): Reihe 10 – Reihe 15 wie
Reihe 8 – Reihe 9 str = 47 M.

Alle Gr.:
Reihe 10 (12) 14 (16):
Für den Armausschnitt 2 M aus der letzten M str.
Reihe 11 (13) 15 (1): Am Ende der RückR in Verlängerung der M 8 M für den Halsausschnitt anschl = 44 (48) 52 (56) M.
Die neuen 8 M in den HinR re str – in den RückR li str.

Reihe 12 (14) 16 (2): 2 M aus der letzten M str.
Reihe 13 (15) 1 (3): Am Ende der Rückr 8 M anschl = 53 (57) 61 (65) M.
Die neuen 8 M in den HinR re str – in den RückR li str.
In R 12 die 2 Mal 8 neuen M als A – B Zopf str.

Reihe 14 (16) 2 (4): 2 M aus der letzten M str.
Reihe 15 (1) 3 (5): Am Ende der Rückr 9 M anschl = 63 (67) 71 (75) M.

Die neuen M in das Zopfmuster einfügen, sobald die Maschenanzahl passt.
Beim ersten Mal die erste M in der HinR re str – in den folgenden HinR den Kettrand wie folgt str:

Reihe 16 (2) 4 (6) (HinR): Die 1. M abh mit Faden vor der Arbeit (Kettmasche) – 2 M re – 2 M li – 2 M re – 2 M li – 16 M re – 2 (3) 4 (5) M li – 8 M re – 2 (3) 4 (5) M li – 20 M re – 2 (3) 4 (5) M li – 3 (4) 5 (6) M re – 2 M aus der letzten M str.
Reihe 1 (3) 5 (7) (RückR): 1 M re – 4 (5) 6 (7) M li – 2 (3) 4 (5) M re – 20 M li – 2 (3) 4 (5) M re – 8 M li – 2 (3) 4 (5) M re – 16 M li – 2 M re – 2 M re – 2 M li – 1 M re = 64 (68) 72 (76) M.

Die nächsten 8 neuen M am Armausschnitt in der HinR re (mit A) str. Danach die nächsten 2 (3) 4 (5) neuen M in der HinR li str. Die letzte M in der HinR wieder re str.

Gr S:
Reihe 2 – Reihe 7: Noch 3 Mal 2 M aus der letzten M str = 67 M.
Reihe 8 – Reihe 10: 2 Mal in Verlängerung der HinR 2 neue M anschl = 71 M.

Gr. (M):
Reihe 4 – Reihe 9: Noch 3 Mal 2 M aus der letzten M str = 71 M.
Reihe 10 – Reihe 12: 2 Mal in Verlängerung der HinR 2 neue M anschl = 75 M.

Gr. L:
Reihe 6 – Reihe 11: Noch 3 Mal 2 M aus der letzten M str = 75 M.
Reihe 11 – Reihe 14: 2 Mal in Verlängerung der HinR 2 neue M anschl = 79 M.

Gr. XL:
Reihe 8 – Reihe 13: Noch 3 Mal 2 M aus der letzten M str = 79 M.
Reihe 14 – Reihe 16: 2 Mal in Verlängerung der HinR 2 neue M anschl = 83 M.

Alle Gr.:
Die letzte Reihe ist die Reihe 10 (12) 14 (16).
Die Fäden abschneiden

RECHTES VORDERTEIL
Von der Außenseite 24 (26) 28 (30) M aus der Anschlagreihe der zuerst für den Rücken gestrickten Schulter herausstricken.

Wie das LINKE VORDERTEIL str, aber die ZUNAHMEN für den HALSAUSSCHNITT am Ende der R 6 beg.
Insg 9 Mal in den HinR 2 M aus der letzten M str.

Die neuen M in das Muster einfügen, wie am LINKEN VORDERTEIL.
Die Zunahmen beidseitig am Ende der R 1 (2) 3 (4) Mal str = 35 (39) 43 (47) M.

Für den Armausschnitt 2 M aus der letzten M str – für den Halsausschnitt in Verlängerung der R 8 neue M anschl.
Dies 2 Mal str.
Für den Armausschnitt 2 M aus der letzten M str – für den Halsausschnitt in Verlängerung der R 9 neue M anschl.= 63 (67) 71 (75) M.
In der ersten R kann keine Kettmasche gestr werden.
RückR: 1. M abh mit dem Faden vor der Arbeit (Kettmasche) – 2 M li – 2 M re – 2 M li – 2 M re – 16 M li – 2 (3) 4 (5) M re – 8 M li – 2 (3) 4 (5) M re – 20 M li – 2 (3) 4 (5) M re – 3 (4) 5 (6) M re – 2 M aus der letzten M = 64 (68) 72 (76) M.
HinR: Zöpfe str, sobald sie in das Muster passen: 5 (6) 7 (8) M re – 2 (3) 4 (5) M li – 20 M re – 2 (3) 4 (5) M li – 8 M re – 2 (3) 4 (5) M li – 16 M re – 2 M li – 2 M re – 2 M li – 3 M re.

Noch 3 Mal für den Armausschnitt 2 M aus der letzten M str = 67 (71) 75 (79) M.

Am Armausschnitt 2 Mal 2 M in Verlängerung der R anschl = 71 (75) 79 (83) M.

Reihe 10 (12) 14 (16) mit dem 1. KNOPFLOCH str:
Die letzten 9 M wie folgt str: 2 M li – 1 M re – 2 M re verschr zus – 2 M anschl – 2 M re zus – 2 M re.
Das KNOPFLOCH in jeder 16. R insg 6 Mal str.

KÖRPER
Nun alle Teile in der RückR zusammenfügen. Weiterhin am Anfang der R Kettmaschen str.
71 (75) 79 (83) M für das rechte Vorderteil str (im Knopfloch die 2 neuen M re str) – 12 M in Verlängerung der R anschl – 108 (116) 124 (132) M für den Rücken str – 12 M in Verlängerung der R anschl – 71 (75) 79 (83) M für das linke Vorderteil str = 274 (290) 306 (322) M.

Zöpfe str, sobald sie in das Muster passen.

Über die 16 M im Armausschnitt in jeder 16. R die Zöpfe A – B str.
Gr. S: Beim ersten Mal keine A – B Zöpfe im Armausschnitt str.

HinR: 1 Kettmasche – 2 M re – 2 M li – 2 M re – 2 M li – 16 M re – 2 (3) 4 (5) M li – 8 M re – 2 (3) 4 (5) M li – 20 M re – 2 (3) 4 (5) M li – 8 M re – 2 (3) 4 (5) M li – 16 M re (Armausschnitt) – 2 (3) 4 (5) M li – 8 M re – 2 (3) 4 (5) M li – 20 M re – 2 (3) 4 (5) M li – 8 M re – 2 (3) 4 (5) M li – 16 M re (Rückenmitte) – 2 (3) 4 (5) M li – 8 M re – 2 (3) 4 (5) M li – 20 M re – 2 (3) 4 (5) M li – 8 M re – 2 (3) 4 (5) M li – 16 M re (Armausschnitt) – 2 (3) 4 (5) M li – 8 M re – 2 (3) 4 (5) M li – 20 M re – 2 (3) 4 (5) M li – 8 M re – 2 (3) 4 (5) M li – 16 M re – 2 M li – 2 M re – 2 M li – 3 M re.

RückR: 1 Kettmasche – 2 M li – 2 M re – 2 M li – 2 M re – 16 M li – 2 (3) 4 (5) M re – 8 M li – 2 (3) 4 (5) M re – 20 M li – 2 (3) 4 (5) M re – 8 M li – 2 (3) 4 (5) M re – 16 M li (Armausschnitt) – 2 (3) 4 (5) M re – 8 M li – 2 (3) 4 (5) M re – 20 M li – 2 (3) 4 (5) M re – 8 M li – 2 (3) 4 (5) M re – 16 M li (Rückenmitte) – 2 (3) 4 (5) M re – 8 M li – 2 (3) 4 (5) M re – 20 M li – 2 (3) 4 (5) M re – 8 M li – 2 (3) 4 (5) M re – 16 M li (Armausschnitt) – 2 (3) 4 (5) M re – 8 M li – 2 (3) 4 (5) M re – 20 M li – 2 (3) 4 (5) M re – 8 M li – 2 (3) 4 (5) M re – 16 M li – 2 M re – 2 M li – 2 M re – 1 M re.

Ab Armausschnitt ca. 17 cm weiterstricken.

In den HinR ABNAHME zw den Zöpfen wie folgt str:
1 Kettmasche – 2 M re – 2 M li – 2 M re – 2 M li – 16 M re – 2 M li zus – 0 (1) 2 (3) M li – 8 M re – 2 M li zus – 0 (1) 2 (3) M li – 20 M re – 2 M li zus – 0 (1) 2 (3) M li – 8 M re – 2 M li zus – 0 (1) 2 (3) M li – 16 M re (Armausschnitt) – 2 M li zus – 0 (1) 2 (3) M li – 8 M re – 2 M li zus – 0 (1) 2 (3) M li – 20 M re – 2 M li zus – 0 (1) 2 (3) M li – 8 M re – 2 M li zus – 0 (1) 2 (3) M li – 16 M re (Rückenmmitte) – 2 M li zus – 0 (1) 2 (3) M li – 8 M re – 2 M li zus – 0 (1) 2 (3) M li – 20 M re – 2 M li zus – 0 (1) 2 (3) M li – 8 M re – 2 M li zus – 0 (1) 2 (3) M li – 16 M re (Armausschnitt) – 2 M li zus – 0 (1) 2 (3) M li – 8 M re – 2 M li zus – 0 (1) 2 (3) M li – 20 M re – 2 M li zus – 0 (1) 2 (3) M li – 8 M re – 2 M li zus – 0 (1) 2 (3) M li – 16 M re – 2 M li – 2 M re – 2 M li – 3 M re = 258 (274) 290 (306) M.

14 R im Muster str.

1. ZUNAHME in der RückR, dafür den Querfaden zw zwei M auf die li Nd heben und re verschr str:
RückR: 1 Kettmasche – 2 M li – 2 M re – 2 M li – 2 M re – 16 M li – 1 (2) 3 (4) M re – 1 neue M – 8 M li – 1 (2) 3 (4) M re – 1 neue M – 20 M li – 1 (2) 3 (4) M re – 1 neue M – 8 M li – 1 (2) 3 (4) M re – 1 neue M – 16 M li (Armausschnitt) – 1 (2) 3 (4) M re – 1 neue M – 8 M li – 1 (2) 3 (4) M re – 1 neue M – 20 M li – 1 (2) 3 (4) M re – 1 neue M – 8 M li – 1 (2) 3 (4) M re – 1 neue M – 16 M li (Rückenmitte) – 1 (2) 3 (4) M re – 1 neue M – 8 M li – 1 (2) 3 (4) M re – 1 neue M – 20 M li – 1 (2) 3 (4) M re – 1 neue M – 8 M li – 1 (2) 3 (4) M re – 1 neue M – 16 M li (Armausschnitt) – 1 (2) 3 (4) M re – 1 neue M – 8 M li – 1 (2) 3 (4) M re – 1 neue M – 20 M li – 1 (2) 3 (4) M re – 1 neue M – 8 M li – 1 (2) 3 (4) M re – 1 neue M – 16 M li – 2 M re – 2 M li – 2 M re – 2 M li – 1 M re = 274 (290) 306 (322) M.
Die neuen M in den HinR li und in den RückR re str.

15 R str.
Die 2. ZUNAHME in der RückR an der gleichen Stelle str = 290 (306) 322 (338) M.
Die neuen M in den HinR li und in den RückR re str.

15 R str.
Die 3. ZUNAHME in der RückR an der gleichen Stelle str = 306 (322) 338 (354) M.
Die neuen M in den HinR li und in den RückR re str.

Weiterstr, bis die Arbeit ab Armausschnitt ca. 36 cm misst.
3 R nach einer Zopfreihe enden. In Rippen abk – über den Zöpfen ein wenig fester abk.

HALSRAND
Von der Außenseite mit Nd Nr. 3½ Maschen aus dem Halsausschnitt herausstricken: 9 M aus den Rippen str – 16 M aus dem breiten Zopf – 3 (4) 5 (6) M aus den li M – 16 M aus dem kleinen Zopf – 30 M aus dem geraden Stück über die Schulter bis zu den Nackenmaschen – 8 M aus dem kleinen Zopf – 2 (3) 4 (5) M aus den li M – 16 M aus dem breiten Zopf – 2 (3) 4 (5) M aus den li M – 8 M aus dem kleinen Zopf – 30 M aus dem geraden Stück – 16 M aus dem kleinen Zopf – 3 (4) 5 (6) M aus dem li M – 16 M aus dem breiten Zopf – 9 M aus den Rippen = 184 (188) 192 (196) M.

Reihe 1 (RückR): 1 Kettmasche – 2 M li – 2 M li – 2 M re – 2 M li – 2 M re – 16 M li – 3 (4) 5 (6) M re – 16 M li – 4 M re – 8 M li – 6 M re – 8 M li – 4 M re – 8 M li – 2 (3) 4 (5) M re – 16 M li – 2 (3) 4 (5) M re – 8 M li – 4 M re – 8 M li – 6 M re – 8 M li – 4 M re – 16 M li – 3 (4) 5 (6) M re – 16 M li – 2 M re – 2 M li – 2 M re – 2 M li – 1 M re

Reihe 2 (HinR): 1 Kettmasche – 2 M li – 2 M re – 2 M li – B – A – 3 (4) 5 (6) M li – B – A – 4 M li – A – 6 M li – A – 4 M li – A – 2 (3) 4 (5) M li – B – A – 2 (3) 4 (5) M li – A – 4 M li – A – 6 M li – A – 4 M li – B – A – 3 (4) 5 (6) M li – B – A – 2 M li – 2 M re – 2 M li – 3 M re.

Reihe 3: Wie Reihe 1.

Reihe 4: 1 Kettmasche – 2 M re – 2 M li – 2 M re – 2 M li – 16 M re – 3 (4) 5 (6) M li – 16 M re – 4 M li – 8 M re – 6 M li – 8 M re – 4 M li – 8 M re – 2 (3) 4 (5) M li – 16 M re – 2 (3) 4 (5) M li – 8 M re – 4 M li – 8 M re – 6 M li – 8 M re – 4 M li – 16 M re – 3 (4) 5 (6) M li – 16 M re – 2 M li – 2 M re – 2 M li – 3 M re.

Reihe 5 mit KNOPFLOCH: Reihe 1 bis zu den letzten 9 M str, diese wie folgt str:
2 M re – 1 M li – 2 M li zus – 2 M anschl – 2 M li verschr zus – 1 M li – 1 M re.

Reihe 6: Wie Reihe 2.
Reihe 7: Wie Reihe 1.
Reihe 8: Wie Reihe 4.

In einer RückR in Rippen abk. Die M der Zöpfe vor dem Abk erst 2 und 2 M li zus str.

ÄRMEL

44 (48) 52 (56) M mit einem Nadelspiel Nr. 4 anschl.
In Rd str: 1 M re – *2 M li – 2 M re*. Von * bis * wdh. Enden mit 2 M li – 1 M re.

Weiterstr, bis insg 12 (12) 6 (6) Rd gestr sind.
ZUNAHME: 1 M re – 1 neue M re, dafür den Querfaden auf die li Nd heben und re verschr str – 42 (46) 50 (54) M im Muster str – 1 neue M re – 1 M re.
Die Zunahme in jeder 8. Rd str, bis es 68 (72) 80 (84) M sind.
Die neuen M nach und nach in das Muster einfügen.
Wenn unter dem Ärmel 6 M re sind, die 2 mittleren M li str.
Wenn unter dem Ärmel 6 M li sind, die 2 mittleren M wieder re str.

Weiterstr, bis der Ärmel 44 cm misst.
Die Arbeit unter dem Ärmel teilen und in R hin und her str.
Am Anfang der Rd 3 M abk – die Rd zu Ende str.
Wenden. Am Anfang der R 3 M abk. Die R zu Ende str = 62 (66) 74 (78) M.
Beidseitig M am Anfang der R abk.
Beidseitig 2 Mal 2 M abk = 54 (58) 66 (70) M.
Beidseitig 14 (16) 16 (18) Mal 1 M abk = 26 (26) 34 (34) M.
Beidseitig 2 Mal 2 M abk = 18 (18) 26 (26) M.
Beidseitig 1 (1) 2 (2) Mal 3 M abk = 12 (12) 14 (14) M.
Die letzten M abk.
Den zweiten Ärmel auf die gleiche Weise str.

FERTIGSTELLUNG

Die Ärmel mit Stecknadeln in den Armausschnitten feststecken und dann von außen zusammennähen.
Die Fäden vernähen und die Knöpfe annähen.

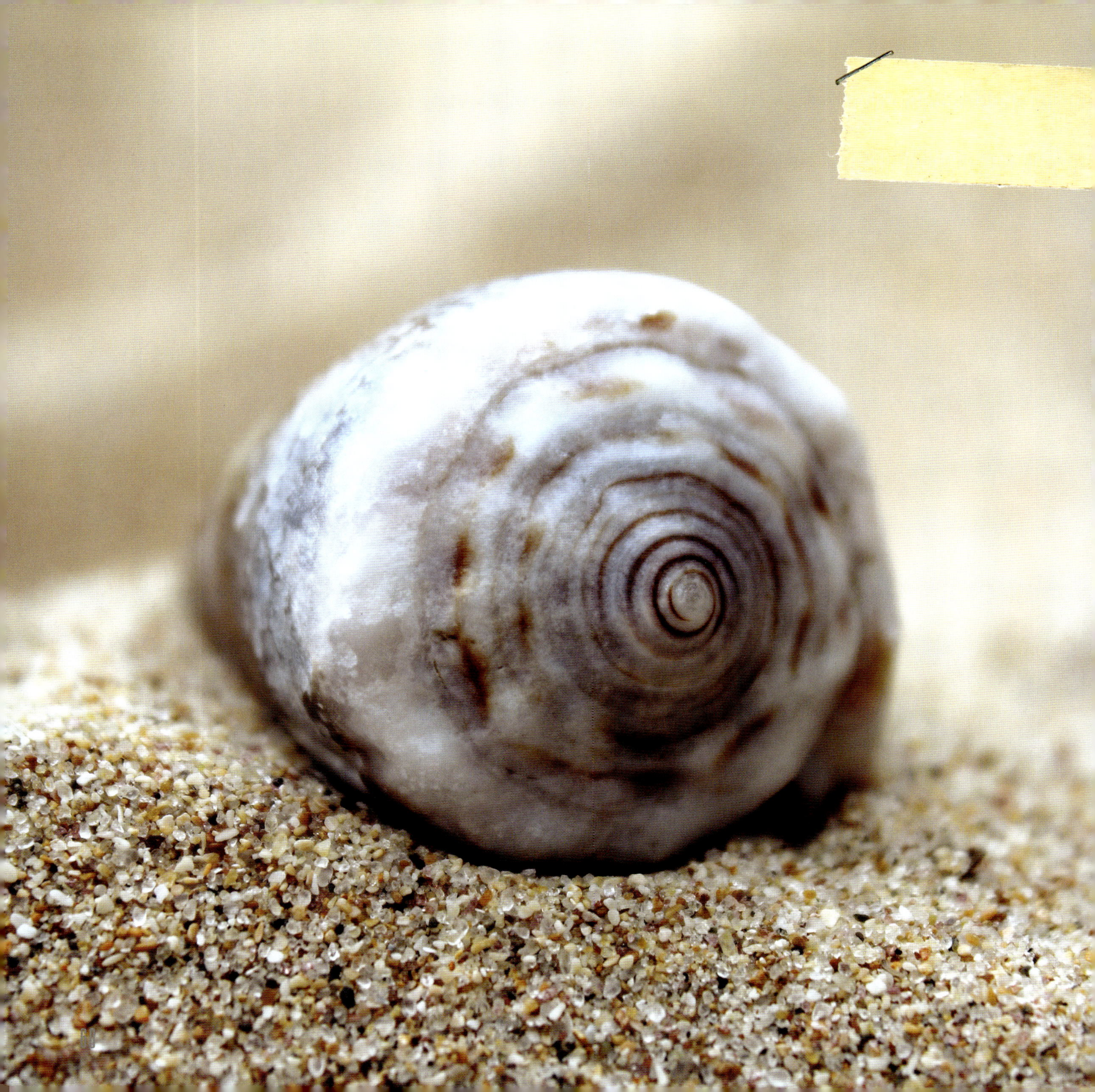

MUSCHEL

Gr: S (M)L (XL)

Rückenbreite: 46 (48) 52 (57) cm
Rückenlänge ohne Kragen: 61 cm
Ärmellänge innen: 44 cm

MATERIAL
200 (200) 200 (250) g Spinni Farbe 0
250 (250) 250 (300) g Alpaca 2 Farbe 2
Mit beiden Fäden zus str

Rundnadel und Nadelspiel Nr. 4

Maschenprobe glatt re:
10 cm = 21 M und 28 R

Die Jacke wird von oben nach unten gestrickt.

KÖRPER

42 (60) 60 (66) M für den Nacken anschlagen und in R hin und her str.

Reihe 1 (RückR): 1 M re – 1 M li – *2 M re – 4 M li*. Von * bis * wdh. Enden mit 2 M re – 1 M li – 1 M re.

Reihe 2: 2 M re – *2 M li – 4 M re*. Von * bis * wdh. Enden mit 2 M li – 2 M re.

Reihe 3: Wie Reihe 1.

Reihe 4: 2 M re – 1 neue M li aus dem Querfaden vor der nächsten M li verschr heraus str – 2 M li – 1 neue M li – 4 (10) 10 (10) M in Rippen – 1 neue M li – 1 neue M li – 22 (28) 28 (34) M in Rippen – 1 neue M li – 2 M li – 1 neue M li – 4 (10) 10 (10) M in Rippen – 1 neue M li – 2 M li – 1 neue M li – 2 M re = 50 (68) 68 (74) M.

Reihe 5: 1 M re – 1 M li – 4 M re – 4 (10) 10 (10) M in Rippen – 4 M re – 22 (28) 28 (34) M in Rippen – 4 M re – 4 (10) 10 (10) M in Rippen – 4 M re – 1 M li – 1 M re.

Ab der nächsten Reihe sind die jeweils 2 fett markierten M die **Raglan–Maschen**.

Reihe 6: 2 M re – 1 M li – 1 neue M li – **2 M li** – 1 neue M li – 1 M li – 4 (10) 10 (10) M in Rippen – 1 M li – 1 neue M li – **2 M li** – 1 neue M li – 1 M li – 22 (28) 28 (34) M in Rippen – 1 M li – 1 neue M li – **2 M li** – 1 neue M li – 1 M li – 4 (10) 10 (10) M in Rippen – 1 M li – 1 neue M li – **2 M li** – 1 neue M li – 1 M li – 2 M re.

Reihe 7: 1 M re – 1 M li – 6 M re – 4 (10) 10 (10) M in Rippen – 6 M re – 22 (28) 28 (34) M in Rippen – 6 M re – 4 (10) 10 (10) M in Rippen – 6 M re – 1 M li – 1 M re.

Reihe 8 mit **ZUNAHMEN** an den Seiten:
1 M re – 1 neue M re – 1 M re – 2 M li – 1 neue M re – **2 M li** – 1 neue M re – 2 M li – 4 (10) 10 (10) M in Rippen – 2 M li – 1 neue M re – **2 M li** – 1 neue M re – 2 M li – 22 (28) 28 (34) M in Rippen – 2 M li – 1 neue M re – **2 M li** – 1 neue M re – 2 M li – 4 (10) 10 (10) M in Rippen – 2 M li – 1 neue M re – **2 M li** – 1 neue M re – 2 M li – 1 M re – 1 neue M re – 1 M re.

Reihe 9: 1 M re – 2 M li – 2 M re – 1 M li – **2 M re** – 1 M li – 8 (14) 14 (14) M in Rippen – 1 M li – **2 M re** – 1 M li – 26 (32) 32 (38) M in Rippen – 1 M li – **2 M re** – 1 M li – 8 (14) 14 (14) M in Rippen – 1 M li – **2 M re** – 1 M li – 2 M re – 2 M li – 1 M re.

Reihe 10: 3 M re – 2 M li – 1 M re – 1 neue M re – **2 M li** – 1 neue M re – 1 M re – 8 (14) 14 (14) M in Rippen – 1 M re – 1 neue M re – **2 M li** – 1 neue M re – 1 M re – 26 (32) 32 (38) M in Rippen – 1 M re – 1 neue M re – **2 M li** – 1 neue M re – 1 M re – 8 (14) 14 (14) M in Rippen – 1 M re – 1 neue M re – **2 M li** – 1 neue M re – 1 M re – 2 M li – 3 M re.

Reihe 11: Rechts über re str – links über li str. Die neuen M li str. Die erste und letzte M immer re str.

Reihe 12: 3 M re – 2 M li – 2 M re – 1 neue M re – **2 M li** – 1 neue M re – 12 (18) 18 (18) M in Rippen – 1 neue M re – **2 M li** – 1 neue M re – 30 (36) 36 (42) M in Rippen – 1 neue M re – **2 M li** – 1 neue M re – 12 (18) 18 (18) M in Rippen – 1 neue M re – **2 M li** – 1 neue M re – 2 M re – 2 M li – 3 M re.

Reihe 13: Wie Reihe 11.

Reihe 14: 8 M in Rippen – 1 neue M re – **2 M li** – 1 neue M re – 14 (20) 20 (20) M in Rippen – 1 neue M re – **2 M li** – 1 neue M re – 32 (38) 38 (44) M in Rippen – 1 neue M re – **2 M li** – 1 neue M re – 14 (20) 20 (20) M in Rippen – 1 neue M re – **2 M li** – 1 neue M re – 8 M in Rippen.

Reihe 15: Wie Reihe 11.

Reihe 16 mit **ZUNAHMEN** an den Seiten: 1 M re – 1 neue M re – 8 M in Rippen – 1 neue M li – **2 M li** – 1 neue M li – 16 (22) 22 (22) M in Rippen – 1 neue M li – **2 M li** – 1 neue M li – 34 (40) 40 (46) M in Rippen – 1 neue M li – **2 M li** – 1 neue M li – 16 (22) 22 (22) M in Rippen – 1 neue M li – **2 M li** – 1 neue M li – 8 M in Rippen – 1 neue M re – 1 M re = 102 (120) 120 (126) M.

Weiterhin die Zunahmen in jeder 2. R auf beiden Seiten der 2 linken Raglanmaschen str.

Die Zunahmen an den Seiten in jeder 12. (6.) 6. (4.) R insgesamt 4 (8) 8 (10) Mal str, inklusive der Zunahmen in R 16.

Die neuen M dem Rippenmuster anpassen.

Noch 5 (2) 2 (5) Zun in jeder 2. R beidseitig von den 2 li Raglanmaschen str = 292 (318) 318 (328) M.

Die Arbeit misst jetzt ab Nacken ca. 23 cm.

In den nun folgenden RückR in Rippen weiter str und dabei die M für die Ärmel stilllegen:
38 (42) 42 (44) M vom Vorderteil str. In Verlängerung der Reihe 12 (12) 18 (24) M anschl. 66 (72) 72 (72) Ärmelmaschen auf einen Maschenhalter (Faden) nehmen. 84 (90) 90 (96) Rückenmaschen str. 12 (12) 18 (24) M in Verlängerung der Reihe anschl. 66 (72) 72 (72) Ärmelmaschen auf einen Maschenhalter nehmen. 38 (42) 42 (44) M vom Vorderteil str.

Auf jeder Seite die letzte Randmasche markieren.

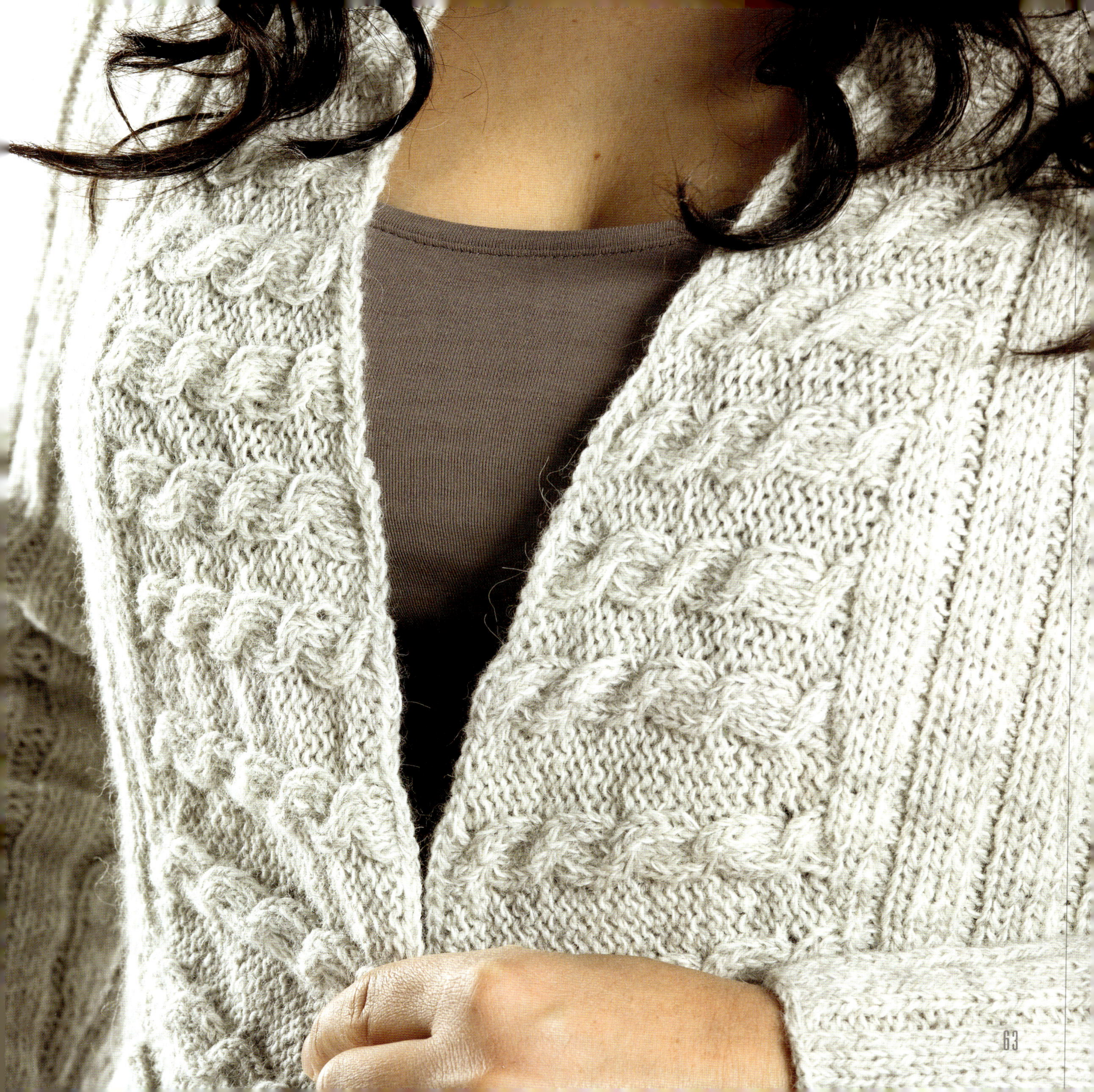

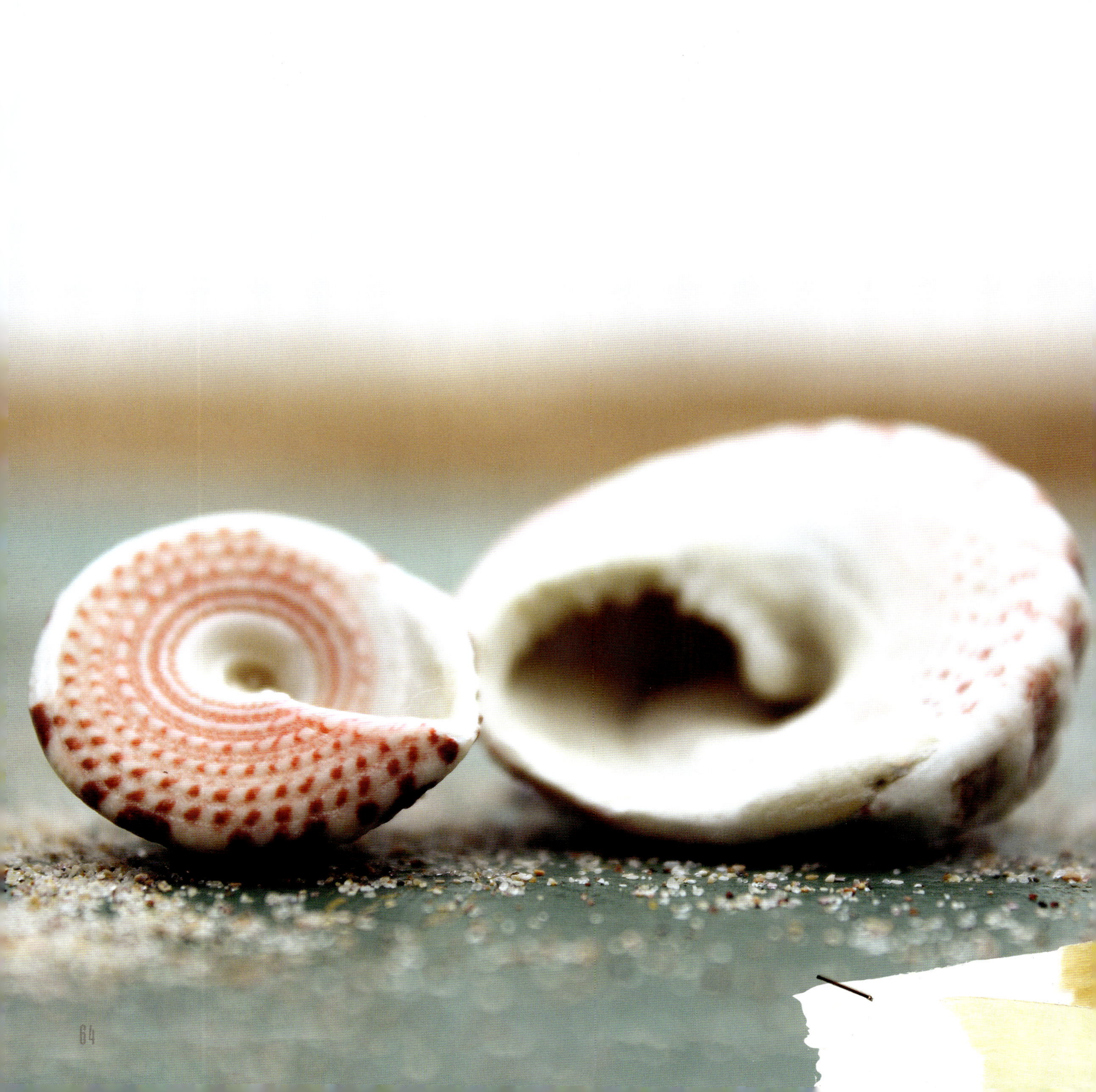

An den Vorderteilen und am Rücken str.
HinR: 1 (5) 5 (1) M re – *2 M li – 4 M re*. Von * bis * wdh. Enden mit 2 (0) 0 (2) M li – 1 M re = 184 (198) 210 (232) M.
RückR: 1 M re – 0 (4) 4 (0) M li – *2 M re – 4 M li*. Von * bis * wdh. Enden mit 2 (0) 0 (2) M re – 1 M re.
Insgesamt 10 R in Rippen str.

1. ABNAHME: 2 M re zus – 40 (44) 47 (52) M – 2 M re verschr zus – 2 M re zus – 92 (98) 104 (116) M – 2 M re verschr zus – 2 M re zus – 40 (44) 47 (52) M – 2 M re zus = 178 (192) 204 (226) M.
7 R in Rippen str.

2. ABNAHME:
Gr. S (M) (XL): 2 M re zus – 38 (42) (50) M – 2 M re verschr zus – 2 M re zus – 90 (96) (114) M – 2 M re verschr zus – 2 M re zus – 38 (42) (50) M – 2 M re zus = 172 (186) (220) M.
Gr. L: 2 M re zus – 45 M – 2 M li zus – 2 M li zus – 102 M – 2 M li zus – 2 M li zus – 45 M – 2 M re zus = 198 M.

3 R in Rippen str.
Am Anfang und Ende der R 2 M re zus str = 170 (184) 196 (218) M.
3 R in Rippen str.

3. ABNAHME:
Gr. S (M) (XL): 2 M re zus – 35 (39) (47) M – 2 M re verschr zus – 2 M re zus – 88 (94) (112) M – 2 M re verschr zus – 2 M re zus – 35 (39) (47) M – 2 M re zus = 164 (178) (212) M.
Gr. L: 2 M re zus – 42 M – 2 M li zus – 2 M li zus – 100 M – 2 M li zus – 2 M li zus – 42 M – 2 M re zus = 190 M.

3 R in Rippen str.
Nun eine Markierung an beiden Seiten setzen.
Am Anfang und Ende der nächsten 2 HinR jeweils 2 M re zus str = 160 (174) 186 (208) M.
1 R in Rippen str.

4. ABNAHME: 2 M re zus – 31 (35) 38 (43) M – 2 M re verschr zu – 2 M re zus – 86 (92) 98 (110) M – 2 M re verschr zus – 2 M re zus – 31 (35) 38 (43) M – 2 M re zus = 154 (168) 180 (202) M.
1 R in Rippen str.

Am Anfang und Ende der nächsten 3 HinR jeweils 2 M re zus str = 148 (162) 174 (196) M.
1 R in Rippen str.

5. ABNAHME:
Gr. S (M) (XL): 2 M re zus – 26 (30) (38) M – 2 M li zus – 2 M li zus – 84 (90) (108) M – 2 M li zus – 2 M li zus – 26 (30) (38) M – 2 M re zus = 142 (156) (190) M.
Gr. L: 2 M re zus – 33 M – 2 M re verschr zus – 2 M re zus – 96 M – 2 M re verschr zus – 2 M re zus – 33 M – 2 M re zus = 168 M.

1 R in Rippen str.
Gr. S: Eine Markierung an jeder Seite setzen.

Am Anfang der nächsten 2 R 2 M abk.
Gr. (M) L (XL): Eine Markierung an jeder Seite setzen.

Alle Gr: Am Anfang der nächsten 4 R 2 M abk = 130(144)156(178) M.

6. ABNAHME:
Gr. S (M) (XL): 2 M abk – 18 (22) (30) M (die 1. M ist bereits auf der Nadel) – 2 M li zus – 2 M li zus – 82 (88) (106) M – 2 M li zus – 2 M li zus – 20 (24) (32) M = 124 (138) (172) M.
Gr. L: 2 M abk – 25 M (die 1. M ist bereits auf der Nadel) – 2 M re verschr zus – 2 M re zus – 94 M – 2 M re verschr zus – 2 M re zus – 27 M = 150 M.

Am Anfang der R 2 M abk und dann in Rippen str = 122 (136) 148 (170) M.
Beidseitig am Anfang der R 2 (2) 2 (0) Mal 3 M abk = 110(124)136(170) M.
Beidseitig am Anfang der R 2 (0) 0 (2) Mal 4 M abk = 94 (124) 136 (154) M.
Beidseitig am Anfang der R 0 (2) 2 (2) Mal 6 M abk = 94 (100) 112 (130) M.

Die Arbeit misst in der Nackenmitte 44 cm.

ZOPFRAND
Mit ZUNAHMEN über die verbliebenen M str: *4 M re – 1 neue M li – 2 M li*. Von * bis * str. Enden mit 4 M re = 109 (116) 130 (151) M.
In Verlängerung der Reihe mit einer langen Rundnadel M aus dem Abkettrand heraus str: 3 M in den Linksrippen und 4 M in den Rechtsrippen, bis 24 (28) 28 (31) M aufgestrickt sind. Eine Markierung setzen.

14 (17) 17 (21) M an der Schrägung bis zur nächsten Markierung str.
24 M an der Schrägung bis zur nächsten Markierung str.
57 M an der Schrägung bis zum Anschlagsrand str.

M aufstricken im Anschlagsrand. Die äusserste li M nicht aufstr. 3 M aus den Linksrippen und 4 M aus den Rechtsrippen heraus str, bis 45 (66) 66 (73) M aufgestrickt sind.

57 M heraus str aus der Schrägung bis zur Markierung.
24 M heraus str aus der Schrägung bis zur nächsten Markierung. 14 (17) 17 (21) M heraus str aus der Schrägung bis zur Markierung.
3 M in den Linksrippen und 4 M in den Rechtsrippen, bis 24 (28) 28 (31) M aufgestrickt sind.

Es sind nun 392 (434) 448 (490) M auf der Nd. Jetzt eine Markierung für den RUNDENANFANG setzen.
2 Runden in Rippen str: *4 M re – 3 M li*. Von * bis * wdh.

1. ZUNAHME str: *4 M re – 1 neue M li – 3 M li – 1 neue M li*. Von * bis * insgesamt 24 (25) 27 (30) Mal str. *4 M re – 3 M li*. Von * bis * insgesamt 23 (28) 28 (31) Mal str. *4 M re – 1 neue M li – 3 M li – 1 neue M li*. Von * bis * insgesamt 9 Mal str.

Zopf stricken:
Z = 2 M auf eine Zopfnd nehmen und vor die Arbeit legen – 2 M re str – die 2 M von der Zopfnd re str.

1. ZOPFREIHE: *Z – 5 M li* str. Von * bis * insgesamt 24 (25) 27 (30) Mal str.
Z – 3 M li. Von * bis * insgesamt 23 (28) 28 (31) Mal str.
Z – 5 M li. Von * bis * insgesamt 9 Mal str.

4 Rd in Rippen str.
2. ZUNAHME str: *4 M re – 1 neue M li – 5 M li – 1 neue M li*. Von * bis * insgesamt 22 (23) 25 (28) Mal str. 4 M re – 1 neue M li – 5 M li – 4 M re – 5 M li. *4 M re – 3 M li* str. Von * bis * insgesamt 23 (28) 28 (31) Mal str. 4 M re – 5 M li – 4 M re – 5 M li – 1 neue M li. *4 M re – 1 neue M li – 5 M li – 1 neue M li* str. Von * bis * insgesamt 7 Mal str.

2. ZOPFREIHE: Die Zöpfe in alle Rechtsrippen str.
4 Rd in Rippen str.

3. ZUNAHME str: *4 M re – 1 neue M li – 7 M li – 1 neue M li* str. Von * bis * insgesamt 18 (19) 21 (24) Mal str.
Nun wie folgt str: 4 M re – 7 M li – 1 neue M li – 4 M re – 7 M li – 1 neue M li. 4 M re – 7 M li – 4 M re – 7 M li. 4 M re – 6 M li – 4 M re – 5 M li. *4 M re – 3 li* str. Von * bis * insgesamt 23 (28) 28 (31) Mal str. 4 M re – 5 M li – 4 M re – 6 M li. 4 M re – 7 M li – 4 M re – 7 M li. 4 M re – 1 neue M li – 7 M li – 4 M re – 1 neue M li. *4 M re – 1 neue M li – 7 M l – 1 neue M li* str. Von * bis * insgesamt 3 Mal str.

3. ZOPFREIHE: Die Zöpfe in alle Rechtsrippen str.
1 Rd in Rippen str.
Die Fäden abschneiden.
Nun 14 Zöpfe zurückgehen (ohne sie zu str), sodass jetzt am linken Vorderteil begonnen wird = 4 Zöpfe über dem Armausschnitt.
Dann 1 neue M auf der rechten Nd anschl. *4 M re – 3 M li* str. Von * bis * insgesamt 5 Mal str.
4 M re – 5 M li – 4 M re – 6 M li str. 4 M re – 7 M li – 4 M re – 7 M li str. 4 M re – 8 M li – 4 M re – 8 M li str. *4 M re – 9 M li* str. Von * bis * insgesamt 21(22) 24 (27) Mal str. M 4 re – 8 M li – 4 M re – 8 M li str. 4 M re – 7 M li – 4 M re – 7 M li str. 4 M re – 6 M li – 4 M re – 5 M li str. *4 M re – 3 M li*. Von * bis * insgesamt 5 Mal str. 4 M re str. Die Strickarbeit WENDEN und nun von der linken Seite str.

Es wird jetzt mit Wenden (Verkürzten Reihen) gestrickt, um den Kragen zu formen.

Reihe 1: 1 verschr U. Von der linken Seite (RückR) 460 (473) 499 (538) M in Rippen str = über 43 (44) 46 (49) Zöpfe = 7 M vor der neuen M. Wenden.
Reihe 2: 1 verschr U. Von der rechten Seite (HinR) über 42 (43) 45 (48) Zöpfe str = 7 M vor der neuen M. Wenden.
Reihe 3: 1 verschr U. Von der linken Seite über 41 (42) 44 (47) Zöpfe str = 7 M vor der neuen M. Wenden.
Reihe 4: 1 verschr U. Nun über 40 (41) 43 (46) Zöpfe str = 7 M vor der neuen M. Wenden.
Reihe 5: 1 verschr U. Von der linken Seite über 39 (40) 42 (45) Zöpfe str = 7 M vor der neuen M. Wenden.
Reihe 6: 1 verschr U. Von der rechten Seite über 38 (39) 41 (44) Zöpfe str = 7 M vor der neuen M. Wenden.

Weiter verkürzte R str (immer direkt nach einem Zopf wenden) und immer über 1 Zopf weniger str.
Weiter str mit Zöpfen in jeder 6. R.

So lange weiter str, bis in einer RückR nur noch über 16 (17) 19 (22) Zöpfe gestr wird.
Nun das letzte Mal wenden. Nicht weiter str. Die Breite des Zopfrandes beträgt nun 17 cm unten am Rücken.

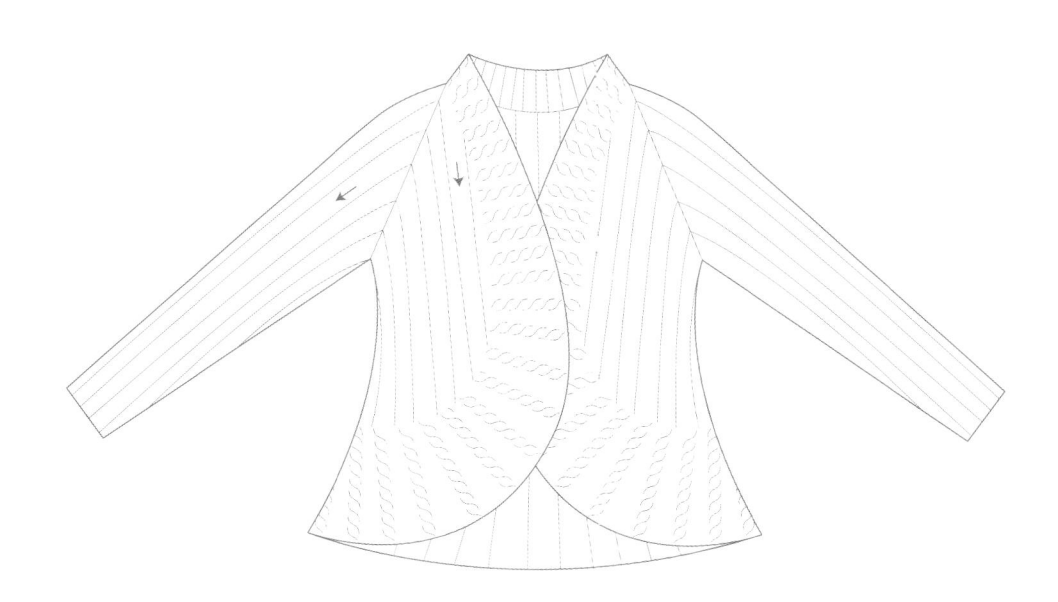

Mit dem Abketten auf der rechten Seite beginnen und mit rechten M abk, wobei auf den U geachtet werden muss und dieser mit der nächsten M vor dem Abketten re zus gestrickt wird. Nach der Mitte am Nacken den U mit der Masche unmittelbar vor dem U re zus str.

ÄRMEL
Die Ärmelmaschen wieder auf die Nd nehmen und diese 66 (72) 72 (72) M in Rippen str.
12 (12) 18 (24) M unter dem Arm aufstr = 78 (84) 90 (96) M.

6 Rd in Rippen str.
Die mittlere M der neuen M unter dem Arm markieren. Nun ABNAHMEN str und dafür 2 M nach der Markierung zus str und vor der Markierung 2 M re verschr zus str. Die ABNAHMEN in jeder 10. (8.) 8. (6.) Rd wdh, bis es noch 54 (54) 60 (60) M sind. Solange weiter str, bis der Ärmel 44 cm lang ist oder die gewünschte Länge hat.
In Rippen abk.

Den zweiten Ärmel auf die gleiche Weise str.

FERTIGSTELLUNG
Alle Fäden vernähen.

68

PORZELLAN

Gr: S (M) L (XL)

Halbe Oberweite: 48 (51) 54 (57) cm
Länge: 58 (58) 59 (60) cm
Schulterbreite: 33 (35) 37 (38) cm
Ärmellänge innen: 44 cm

MATERIAL

50 g Tvinni Tweed Farbe 60s
50 g Highland Farbe Rose
50 g Highland Farbe Rhubarb
50 g Tvinni Tweed Farbe 28s
50 g Highland Farbe Clay
50 g Isager Alpaca 2 Farbe 3
50 g Highland Farbe Curry
50 g Tvinni Farbe 59
50 g Highland Farbe Ivory oder Tvinni Farbe 58
50 g Tvinni Farbe 47
20 g Tvinni Tweed Farbe 6s

Teilbarer Reißverschluss: 45 cm

Rundnadel Nr. 2½ und 3
Nadelspiel Nr. 3

Maschenprobe in glatt rechts mit Nd Nr. 3:
10 cm = 28 M und 36 R

Die Jacke wird von unten nach oben in Reihen hin und her gestrickt.

Wird die Jacke ohne Taille gewünscht, die Ab– und Zunahmen weglassen.

KÖRPER
270 (286) 304 (320) M mit Nd. Nr. 3 und Isager Alpaca 2 Fa 3 anschl.
7 R glatt re str. Mit einer RückR beg. Die erste und letzte M re str.
Den Faden abschneiden.

3 BIESEN
8 R mit Fa Rose str. Den Faden nicht abschneiden.
Mit einer dünnen Nadel von der Innenseite 270 (286) 304 (320) M aus der zuletzt gestr R in Isager Alpaca 2 Fa 3 heraus str.
Zu Tvinni Fa 59 wechseln und von außen die gegenüberliegenden M zus str. Darauf achten, dass genau gegenüberliegende M zusammengestrickt werden, sonst wird die Biese schräg.
Noch 3 R mit Tvinni Fa 59 str.
8 R für eine Biese in Fa Rose str.
Zu Tvinni Fa 59 wechseln. Die Biese zus str.
Noch 3 R mit Tvinni Fa 59 str.
8 R für eine Biese in Fa Rose str. Den Faden abschn.
Zu Tvinni Fa 59 wechseln. Die Biese zus str.
Noch 3 R mit Tvinni Fa 59 str. Den Faden abschneiden.

Den Faden nach jedem Streifen abschneiden.
2 R mit Fa Clay.
5 R mit Fa Curry.
4 R mit Fa Ivory oder Tvinni 58.
Die Arbeit misst 8 cm.

3 R mit Tvinni Fa 47.
1. ABNAHME mit Tvinni Fa 6s: 65 (69) 73 (77) M re – 2 M re verschr zus – 1 M re – Markierung setzen – 1 M re – 2 M re zus – 128 (136) 146 (154) M re – 2 M re verschr zus – 1 M re – Markierung setzen – 1 M re – 2 M re zus – 65 (69) 73 (77) M re = 266 (282) 300 (316) M .
2 weitere R mit Tvinni Fa 6s.
3 R mit Tvinni Fa 47.
3 R mit Tvinni Fa 6s.
1 R mit Tvinni Fa 47.

2. ABNAHME an beiden Seiten der Markierungen weiterhin mit Tvinni Fa 47: 64 (68) 72 (76) M re – 2 M re verschr zus – 2 M re – 2 M re zus – 126 (134) 144 (152) M re – 2 M re verschr zus – 2 M re – 2 M re zus – 64 (68) 72 (76) M re = 262 (278) 296 (312) M .
1 weitere R mit Tvinni Fa 47.
3 R mit Tvinni Fa 6s.
3 R mit Tvinni Fa 47.
2 R mit Fa Rhubarb.

3. ABNAHME an beiden Seiten der Markierungen weiterhin mit Fa Rhubarb = 258 (274) 292 (308) M.
2 weitere R mit Fa Rhubarb.
2 R mit Tvinni Fa 28s.
3 R mit Fa Clay.

4. ABNAHME an beiden Seiten der Markierungen weiterhin mit Fa Clay = 254 (270) 288 (304) M.
2 weitere R mit Clay.
4 R mit Fa Curry.
1 R mit Fa Rose.
Die Arbeit misst 19 cm.

5. ABNAHME und 1. ABNAHME am Rücken weiterhin mit Fa Rose: 61 (65) 69 (73) M re – 2 M re verschr zus – 2 M re – 2 M re zus – 45 (49) 54 (58) M re – 2 M re verschr zus – 2 M re – 2 M re zus – 45 (49) 54 (58) M re – 2 M re verschr zus – 2 M re – 2 M re zus – 61 (65) 69 (73) M re = 248 (264) 282 (298) M.
1 weitere R mit Fa Rose.
6 R mit Fa Tvinni 60s.

6. ABNAHME und 2. ABNAHME am Rücken mit Tvinni Fa 59: 60 (64) 68 (72) M re – 2 M re verschr zus – 2 M re – 2 M re zus – 44 (48) 53 (57) M re – 2 M re verschr zus – 24 M re – 2 M re zus – 44 (48) 53 (57) M re – 2 M re verschr zus – 2 M re – 2 M re zus – 60 (64) 68 (72) M re = 242 (258) 276 (292) M.
3 R Isager Alpaca 2 Fa 3.
2 R Fa Clay.

7. ABNAHME und 3. ABNAHME am Rücken mit Fa Ivory oder Tvinni 58.
Zw den Abn in der Rückenmitte sind 22 M = 236 (252) 270 (286) M.
3 weitere R mit Fa Ivory oder Tvinni 58.
2 R mit Tvinni Fa 59.

8. ABNAHME und 4. ABNAHME am Rücken weiterhin mit Tvinni Fa 59. Zw den Abn in der Rückenmitte sind 20 M = 230 (246) 264 (280) M.
6 R mit Fa Curry.
1 R mit Tvinni Fa 28s.
Die Arbeit misst 27 cm.

1. ZUNAHME und 1. ZUNAHME am Rücken weiterhin mit Tvinni Fa 28s: 59 (63) 67 (71) M re – 1 neue M, dafür den Querfaden zw den M auf die li Nd heben und verschr str – 2 M re – 1 neue M – 43 (47) 52 (56) M re – 1 neue M – 22 M re – 1 neue M – 43 (47) 52 (56) M re – 1 neue M – 2 M re – 1 neue M – 59 (63) 67 (71) M re = 236 (252) 270 (286) M.
1 weitere R mit Tvinni Fa 28s.
3 R mit Fa Tvinni 60s.
1 R mit Fa Rhubarb.

2. ZUNAHME und 2. ZUNAHME am Rücken weiterhin mit Fa Rhubarb: 60 (64) 68 (72) M re – 1 neue M – 2 M re – 1 neue M – 44 (48) 53 (57) M re – 1 neue M – 24 M re – 1 neue M – 44 (48) 53 (57) M re – 1 neue M – 2 M re – 1 neue M – 60 (64) 68 (72) M re = 242 (258) 276 (292) M.
5 R mit Fa Clay.

3. ZUNAHME und 3. ZUNAHME am Rücken weiterhin mit Fa Clay. Zw den Zun in der Rückenmitte sind 26 M = 248 (264) 282 (298) M.
2 R mit Curry.
3 R mit Ivory oder Tvinni 58.

4. ZUNAHME und 4. ZUNAHME am Rücken mit Fa Rose. Zw den Zun in der Rückenmitte sind 28 M = 254 (270) 288 (304) M.
4 R mit Fa Rose.
1 R mit Tvinni Fa 59.

5. ZUNAHME, nur an den Seitennähten, nicht in der Rückenmitte, mit Tvinni Fa 59 = 258 (274) 292 (308) M .
1 R mit Tvinni Fa 59.
3 R mit Isager Alpaca 2 Fa 3.
1 R mit Fa Ivory oder Tvinni Fa 58.

6. ZUNAHME nur an den Seitennähten, mit Fa Ivory oder Tvinni 58 = 262 (278) 296 (312) M.
4 R mit Fa Ivory oder Tvinni Fa 58. Den Faden nicht abschneiden.

2 BIESEN
8 R für eine Biese mit Fa Curry str. Den Faden nicht abschneiden.
Zu Fa Ivory oder Tvinni 58 wechseln und die Biese zus str.
Noch eine R mit Fa Ivory oder Tvinni 58 str.

7. ZUNAHME nur an den Seitennähten mit Fa Ivory oder Tvinni 58 = 266 (282) 300 (316) M.
2 R mit Fa Ivory oder Tvinni 58. Den Faden abschn.

8 R für eine Biese mit Fa Curry str. Den Faden abschn.
Zu Tvinni Fa 60s wechseln und die Biese zus str.
Noch 2 R mit Tvinni Fa 60s str.

8. ZUNAHME nur an den Seitennähten mit Fa Tvinni 60s = 270 (286) 304 (320) M.
2 R mit Tvinni Fa 60s.
1 R mit Tvinni Fa 28s.
3 R mit Fa Clay.
3 R mit Isager Alpaca 2 Fa 3.
5 R mit Fa Rhubarb.
2 R mit Fa Rose.
3 R mit Tvinni Fa 59.
Die Arbeit misst 43 cm.

Die Arbeit in Vorderteil und Rücken teilen und beides in R hin und her str und für sich fertig str.
Weiterhin mit Tvinni Fa 59 eine RückR wie folgt str:
1 M re – 63 (66) 69 (71) M li – 7 (9) 12 (16) M li abk – 128 (134) 140 (144) M li str (die erste M ist bereits auf der Nd) 7 (9) 12 (16) M li abk – die letzten 63 (66) 69 (71) M li str (die erste M ist bereits auf der Nd) – 1 M re.

RECHTES VORDERTEIL
Mit Streifen weiterstricken und GLEICHZEITIG in den RückR für den Armausschnitt abk.

2 R mit Fa Ivory oder Tvinni 58 und GLEICHZEITIG: 4 M an der Armseite abk = 60 (63) 66 (68) M.

4 R mit Fa Curry und GLEICHZEITIG: 2 Mal 3 M abk = 54 (57) 60 (62) M.

6 R mit Fa Clay und GLEICHZEITIG: 2 Mal 2 M abk = 50 (53) 56 (58) M. 1 M abk = 49 (52) 55 (57) M. Den Faden nicht abschn.

2 BIESEN

Ohne Abk 8 R für eine Biese mit Tvinni Fa 28s str.
4 R mit Fa Clay str – dabei GLEICHZEITIG die Biese zus str und 2 Mal 1 M abk = 47 (50) 53 (55) M. Den Faden abschn.

Ohne Abk 8 R für eine Biese mit Tvinni Fa 28s str.
Den Faden abschn.

Gr. S (M):
2 R Tvinni Fa 60s str und GLEICHZEITIG die Biese zus str und 1 R ohne Abk str.

Gr. L (XL):
2 R Tvinni Fa 60s str und GLEICHZEITIG die Biese zus str + Abk von 1 M = 52 (54) M.

Alle Gr.:
2 R ohne Abk mit Isager Alpaca 2 Fa 3.
2 R mit Fa Ivory oder Tvinni 58. Den Faden nicht abschneiden.
Der Armausschnitt misst 5 cm.

Die Arbeit misst ab der ersten Biese 45 cm.
Am Anfang der HinR für den Halsausschnitt abk.
Noch 4 R mit Fa Ivory oder Tvinni 58 str und GLEICHZEITIG:
4 M abk = 43 (46) 48 (50) M.
3 M abk = 40 (43) 45 (47) M.

4 R mit Fa Rose und GLEICHZEITIG:
3 M abk = 37 (40) 42 (44) M.
2 M abk = 35 (38) 40 (42) M.

4 R mit Tvinni Fa 59 und GLEICHZEITIG:
2 M abk = 33 (36) 38 (40) M.
1 M abk = 32 (35) 37 (39) M.

6 R mit Fa Clay und GLEICHZEITIG: 2 Mal 1 M abk = 30 (33) 35 (37) M.
Gr. S (M): 2 R ohne Abk.
Gr. L (XL): 1 M abk = 34 (36) M.
Der Armausschnitt misst 11 cm.

Alle Gr.:
1 R mit Fa Curry.
3 R mit Fa Rhubarb.

Gr. S (M):
3 R mit Tvinni Fa 28s.
1 R mit Isager Alpaca 2 Fa 3.
Weiterlesen bei STREIFEN.

Gr L:
3 R mit Tvinni Fa 28s.
1 R mit Tvinni Fa 60s.
4 R mit Isager Alpaca 2 Fa 3.
Weiterlesen bei STREIFEN.

Gr. (XL):
3 R mit Tvinni Fa 28s.
1 R mit Tvinni Fa 60s.
4 R mit Isager Alpaca 2 Fa 3.
4 R mit Fa Ivory oder Tvinni 58.

STREIFEN

2 R mit Tvinni Fa 47. Den Faden nicht abschneiden.
2 R mit Tvinni Fa 6s. Nicht abschneiden.
2 R mit Tvinni Fa 47. Nicht abschneiden.
2 R mit Tvinni Fa 6s. Nicht abschneiden.
2 R mit Tvinni Fa 47. Nicht abschneiden.
2 R mit Tvinni Fa 6s. Den Faden abschn.
1 R mit Tvinni Fa 47. Den Faden abschn.
Die M auf der Nd lassen.
Das zweite Vorderteil str.

LINKES VORDERTEIL

Die Streifenabfolge wie beim RECHTEN VORDERTEIL str.
Mit dem Abk für den Armausschnitt sofort in einer HinR beg.
4 M abk.
2 Mal 3 M abk.
2 Mal 2 M abk.
1 M abk = 49 (52) 55 (57) M.
Eine BIESE str. GLEICHZEITIG für den Armausschnitt 2 Mal 1 M abk.
Das erste Abk gleichzeitig mit dem Zusammenstricken durchführen.
Eine BIESE str.

Gr. S (M):
Zusammenstricken + 1 R ohne Abk = 47 (50) M.
Gr. L (XL):
Zusammenstricken + Abk von 1 M = 52 (54) M.

Alle Gr.:
4 R ohne Abk.
Die Arbeit misst ab der ersten Biese 45 cm.

Am Anfang der RückR für den Halsausschnitt abk.
4 M abk = 43 (46) 48 (50) M.
2 Mal 3 M abk = 37 (40) 42 (44) M.
2 Mal 2 M abk = 33 (36) 38 (40) M.
3 (3) 4 (4) Mal 1 M abk = 30 (33) 34 (36) M.

Wie beim RECHTEN VORDERTEIL fertig str.

RÜCKEN

Die Streifenabfolge wie am Vorderteil str.
In einer HinR mit dem Abk für beide Armausschnitte beg.
Beidseitig 3 Mal 2 M abk = 116 (122) 128 (132) M.
Beidseitig 3 Mal 1 M abk = 110 (116) 122 (126) M.
Eine BIESE str.
Beidseitig 2 Mal 1 M abk. Das 1. Abk gleichzeitig mit dem Zusammenstricken der Biese durchführen = 106 (112) 118 (122) M.
Eine BIESE str.
Beidseitig 6 (6) 7 (7) Mal 1 M abk.
Das 1. Abk gleichzeitig mit dem Zusammenstricken der Biese durchführen = 94 (100) 104 (108) M.

Bis zu STREIFEN mit Tvinni Fa 47 und Tvinni Fa 6s, die Abfolge wie beim Vorderteil str.

Gr. S (M): 2 R mit Tvinni Fa 47 str +
2 R mit Tvinni Fa 6s.

Alle Gr.:
Die mittleren 34 (34) 36 (36) M auf einen Faden nehmen = 30 (33) 34 (36) M an jeder Seite.
Jede Seite für sich fertig str.
Die STREIFEN wie am Vorderteil fertig str.

Die Vorderteilmaschen wieder auf eine Nd nehmen.
Die Vorderteile und den Rücken rechts auf rechts legen.
Mit einer dritten Nd die gegenüberliegenden M zus str und gleichzeitig dabei abk.

73

74

ÄRMEL

60 (60) 60 (64) M mit Isager Alpaca 2
Fa 3 und einem Nadelspiel Nr. 3 anschl.
In Runden mit Streifen wie am Körper str.

Nach 3 Biesen + Zusammenstricken 1 Rd mit ZUNAHME str:
1 M re – 1 neue M, dafür den Querfaden zw den M auf die li Nd heben und verschr str – 58 (58) 58 (62) M – 1 neue M – 1 M re = 62 (62) 62 (66) M.

Die Zun in jeder 7. (7.) 6. (6.) Rd wdh, bis es 96 (98) 104 (108) M sind.
Weiterstricken, bis der Ärmel 44 cm misst.
Wird der Ärmel kürzer oder länger gewünscht, kann er an dieser Stelle geändert werden.

Die Streifenabfolge wie am Vorderteil weiterstricken.

Die Ärmel für die Armkugel teilen und am Anfang der R 3 M abk. Die R zu Ende str und wenden.
Am Anfang der RückR auch 3 M abk – die R zu Ende str = 90 (92) 98 (102) M.

In R hin und her str.
Die Streifenabfolge bis zu den Biesen am Vorderteil weiterstricken. Nun mit eigener Fantasie weiterstricken, bis das Ende der Armkugel wieder zu den Vorderteilstreifen passt.
Siehe später.

Die Biesen in der Armkugel weglassen.

Beidseitig am Anfang der R 2 (2) 3 (3) Mal 2 M abk = 82 (84) 86 (90) M.
Beidseitig am Anfang der R 10 (11) 10 (9) Mal 1 M abk = 62 (62) 66 (72) M.

Wenn die obere Armkugel zu den Körperstreifen passen soll, nun die gleichen Streifen str wie am Körper nach der obersten Biese.
Die letzten grauen/hellen Streifen weglassen.

Beidseitig am Anfang der R 11 (11) 13 (14) Mal 1 M abk = 40 (40) 40 (44) M.
Beidseitig am Anfang der R 3 (3) 3 (4) Mal 2 M abk = 28 M.
Beidseitig am Anfang der R 2 Mal 3 M abk = 16 M.
Die letzten M abk.
Den zweiten Ärmel auf die gleiche Weise str.

HALSRAND

Von der Außenseite mit einer Rundnd Nr. 2½ und Tvinni Fa 47 17 (17) 18 (18) M aus den abgeketteten M am rechten Vorderteil heraus str. 31 (33) 34 (37) M bis zu den Nackenmaschen heraus str. Die 34 (34) 36 (36) Nackenmaschen str. 31 (33) 34 (37) M bis zu den abgeketteten M heraus str. 17 (17) 18 (18) M aus den abgeketteten M heraus str = 130 (134) 140 (146) M.

1 R li str – 3 R re – 1 R li. Alle M abk.
Den Halsrand an die Innenseite nähen.

Von der Außenseite mit Fa 47 130 (134) 140 (146) aus der linken Umbruchreihe heraus str.
7 R glatt re str. Mit einer RückR beg.
Alle M abk. Den Rand einrollen lassen.

BELEG

130 M mit einer Rundnadel Nr. 2½ und Tvinni Fa 47 für den Beleg anschlagen. 4 R glatt re str. Mit einer RückR beg.
Zu Fa Curry wechseln. 1 R glatt re str und alle M abk.
Noch einen Beleg str.

FERTIGSTELLUNG

Den Reißverschluss von der Außenseite mit Nähgarn einnähen. Die äußerste RM nach innen umlegen, so dass sie nicht sichtbar ist. Den Beleg mit Nähgarn an die Rückseite vom Reißverschluss nähen. Die Abkettreihe an den Reißverschluss nähen. Die Anschlagreihe mit Garn und kleinen, von aussen unsichtbaren Stichen an die Jacke nähen.
Die Ärmel mit Nadeln in den Armausschnitten feststecken und von außen einnähen.
Die Fäden vernähen.

₱32.00
/kg
7-TONNER
MALAMBOT
MASARAP
WMR
GRADE 1
/kg
WMR
GRADE 1
40.00
32.00
/kg
RICE
MALAMBOT
WMR
GRADE 1
₱33.00
/kg
WMR
GRADE 1
₱34.00
/kg

REIS

Gr: S (M) L (XL)

Rückenbreite: 47 (52) 56 (59) cm
Länge Rückenmitte ohne Kragen: 65 cm
Länge ¾ –Arm, Arminnenseite: 33 cm

MATERIAL

A: 200 (200) 250 (250) g Highland Farbe Sand
B: 100 (100) 125 (125) g Isager Silk Mohair Farbe 0
C: 20 g Isager Alpaca 2 Farbe 23

Rundnadel und Nadelspiel Nr. 5

Maschenprobe in glatt rechts:
10 cm = 17 M und 22 R

PASSE

Die Jacke wird vom Nacken abwärts gestrickt.
9 (10) 11 (12) M mit A + B anschl = Nacken.
Reihe 1 (Rückreihe): *1 M re – 1 M li*. Von * bis * wdh.
Enden mit: 1 (2) 1 (2) M re.
Reihe 2: 1 (0) 1 (0) M re – *1 M re – 1 M li*. Von * bis * wdh. Enden mit: 1 (2) 1 (2) M re.
Reihe 3: Wie Reihe 1.

1. ZUNAHME (Hinreihe): Aus jeder M 2 M str: erst aus dem vorderen, dann aus dem hinteren Maschenbogen eine M str. Dies bei allen M wdh, außer der letzten M, diese re str = 17 (19) 21 (23) M.
Rückreihe: 1 M re – *1 M re – 1 M li*. Von * bis * wdh. Enden mit: 2 M re.
Hinreihe: *1 M re – 1 M li*. Von * bis * wdh. Enden mit: 1 M re.
Insg 5 R str.

2. ZUNAHME (Hinreihe): 1 M re str – jeweils 2 M aus den übrigen M str, auch aus der letzten M = 33 (37) 41 (45) M.
9 R in Rippen wie nach der 1. Zunahme str.
Die Arbeit misst 8 cm.

3. ZUNAHME: 2 M aus allen M str, ausser der letzten M, diese 1 M re str = 65 (73) 81 (89) M.
11 R in Rippen wie nach der 1. Zunahme str.
Die Arbeit misst 14 cm.

4. ZUNAHME: 1 M re str – aus den übrigen M jeweils 2 M str, auch aus der letzten M = 129 (145) 161 (177) M.
13 (13) 15 (15) R in Rippen wie nach der 1. Zunahme str.
Die Arbeit misst 20 (20) 21 (21) cm.

5. ZUNAHME: 1 M re – *2 M aus einer M str – 2 M aus einer M str – 1 M li – 1 M re*. Von * bis * wdh = 193 (217) 241 (265) M.
15 (17) 17 (19) R in Rippen str wie nach der 1. Zunahme.
Die Arbeit misst 27 (28) 29 (30) cm.

6. ZUNAHME: 3 M in Rippen – *2 M aus einer M str – 2 M aus einer M str – 6 M in Rippen str*. Von * bis * wdh. Enden mit: 2 M aus einer M str – 2 M aus einer M str – 4 M in Rippen str = 241 (271) 301 (331) M.
5 R in Rippen str wie nach der 1. Zunahme.

M für die Ärmel stilllegen: In Rippen 28 (32) 38 (44) M str – die nächsten 48 (54) 60 (66) M für den Ärmel auf einen Faden heben – 20 neue M unter dem Ärmel anschl – 89 (99) 105 (111) M str – 20 neue M unter dem Ärmel anschl – die nächsten 48 (54) 60 (66) M für den zweiten Ärmel auf einen Faden heben – 28 (32) 38 (44) M str.

KÖRPER

Die Ärmel werden später gestr.
In Rippen über die 185 (203) 221 (239) Körpermaschen str.
Wenn in der Rückenmitte eine Länge von 65 cm erreicht ist, alle M in Rippen abk.

KRAGEN

Zu 2 Fäden C wechseln.
Von außen 122 M vom rechten Vorderrand bis zum Nacken herausstr.
9 (9) 11 (11) M aus dem Anschlag im Nacken herausstr.
112 M aus dem linken Vorderrand heraus str = 233 (233) 235 (235) M.

BIESE

4 R glatt re str. Die erste R ist eine Rückreihe.
C abschneiden.
Von der Innenseite mit einer dünneren Nd die 233 (233) 235 (235) Maschenbögen aus der ersten R in Farbe C aufnehmen.

Die 4 R mit der rechten Seite nach aussen zusammenfalten.
Zu A + B wechseln.
Von außen mit einer dritten Nd die gegenüberliegenden M zusammenstr, so dass wieder nur eine Maschenreihe auf einer Nd liegt.
Die BIESE ist nun geschlossen.
Darauf achten, dass die BIESE nicht schräg wird und dass die zusammengestrickten M direkt untereinander liegen.

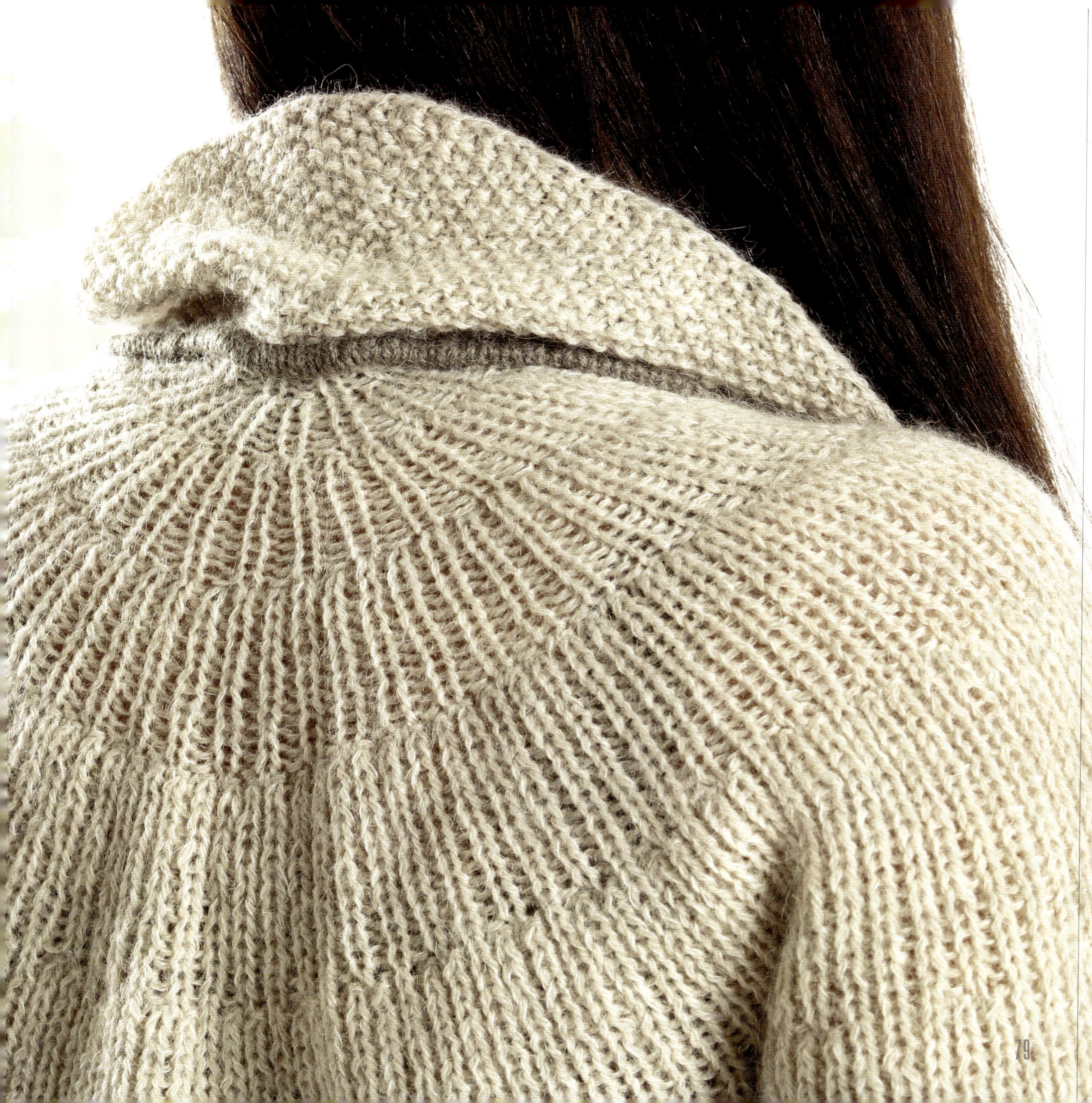

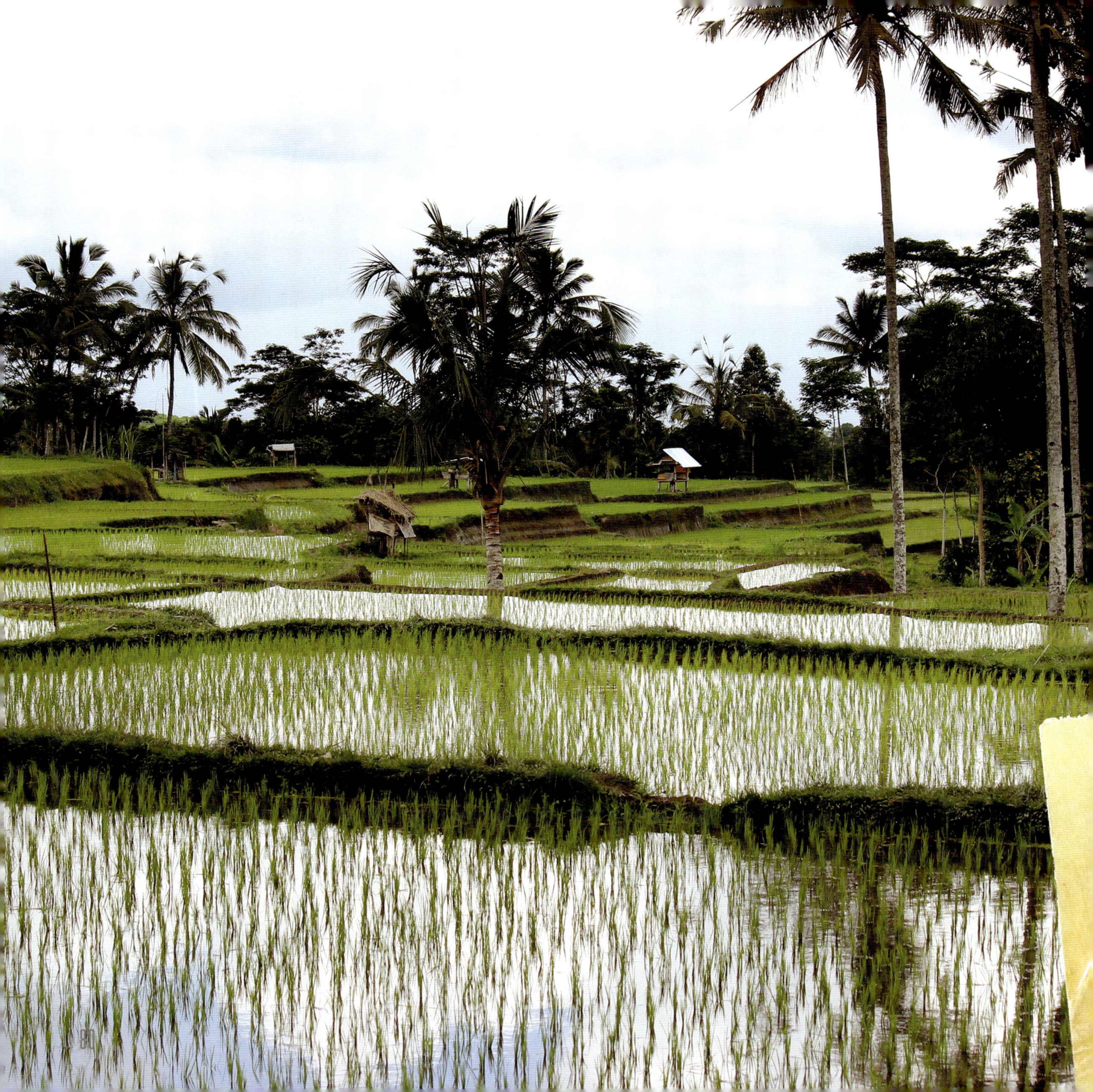

3 R Perlmuster str: *1 M re – 1 M li*. Von * bis * wdh. Enden mit: 1 M re.

1. ZUNAHME: 114 M im Perlmuster str (= re über li M str und li über re M str) – 3 M aus der nächsten M str, dafür abwechselnd in den vorderen und hinteren Maschenbogen stechen – 3 (3) 5 (5) M im Perlmuster – 3 M aus einer M str – 114 M im Perlmuster str.
3 R im Perlmuster str.
Den Kragen im PERLMUSTER fortsetzen.

2. ZUNAHME: 115 M str – 3 M aus einer M str – 5 (5) 7 (7) M str – 3 M aus einer M str – 115 M str.
3 R str.

3. ZUNAHME: 116 M str – 3 M aus einer M str – 7 (7) 9 (9) M str – 3 M aus einer M str – 116 M str.
3 R str.

4. ZUNAHME: 117 M str – 3 M aus einer M str – 9) 11 (11) M str – 3 M aus einer M str – 117 M str.
3 R str.

5. ZUNAHME: 118 M str – 3 M aus einer M str – 11 (11) 13 (13) M str – 3 M aus einer M str – 118 M str.
3 R str.

6. ZUNAHME: 119 M str – 3 M aus einer M str – 13 (13) 15 (15) M str – 3 M aus einer M str – 119 M str.
3 R str.
Im Perlmuster nicht zu fest und nicht zu locker abk.

ÄRMEL
Die Ärmelmaschen wieder auf eine Nd heben.
Die 48 (54) 60 (66) Ärmelmaschen in Rippen str – 1 M aus dem Übergang herausstr – 20 M aus den neuen M unter dem Ärmel herausstr – 1 M aus dem Übergang herausstr = 70 (76) 82 (88) M.
8 Runden in Rippen str.

1. ABNAHME: 57 (63) 69 (75) M in Rippen str – 3 M zus str – 10 M in Rippen str.
7 Rd in Rippen str.

2. ABNAHME: 56 (62) 68 (74) M in Rippen str – 3 M zus str – 9 M in Rippen str.
7 Rd in Rippen str.

3. ABNAHME: 55 (61) 67 (73) M in Rippen str – 3 M zus str – 8 M in Rippen str.
7 Rd in Rippen str.

4. ABNAHME: 54 (60) 66 (72) M in Rippen str – 3 M zus str – 7 M in Rippen str.
5 Rd in Rippen str.

Die Abn in jeder 6. Rd wdh, bis insg 7 Abn gestr sind = 56 (62) 68 (74) M.

6 Rd str. Der Ärmel misst ca 26 cm.

ABNAHME: 3 (6) 1 (4) M in Rippen – *2 M re zus – 6 M in Rippen*. Von * bis * wdh. Enden mit: 2 M re zus – 3 (6) 1 (4) M in Rippen = 49 (55) 59 (65) M.

BIESE
Zu 2 Fäden C wechseln.
5 Rd re str. C abschneiden.
Die Maschenbögen aus der letzten R in Farbe A + B aufnehmen.
Die 5 R in C mit der rechten Seite nach aussen zusammenfalten
Zu A + B wechseln.
Von außen mit einer dritten Nd die gegenüberliegenden M zusammenstr, sodass wieder nur eine Maschenreihe auf einer Nd liegt.

7 cm im Perlmuster str: 1 M re – 1 M li.
Alle M abk.

Den zweiten Ärmel auf die gleiche Weise str.

FERTIGSTELLUNG
Die Fäden vernähen.

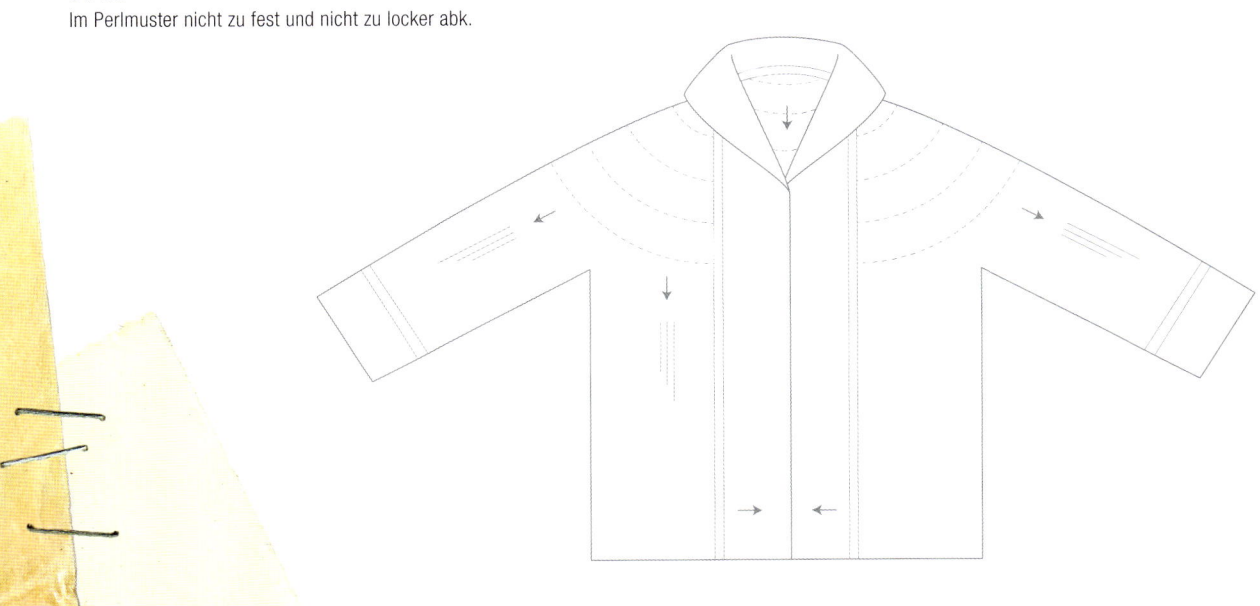

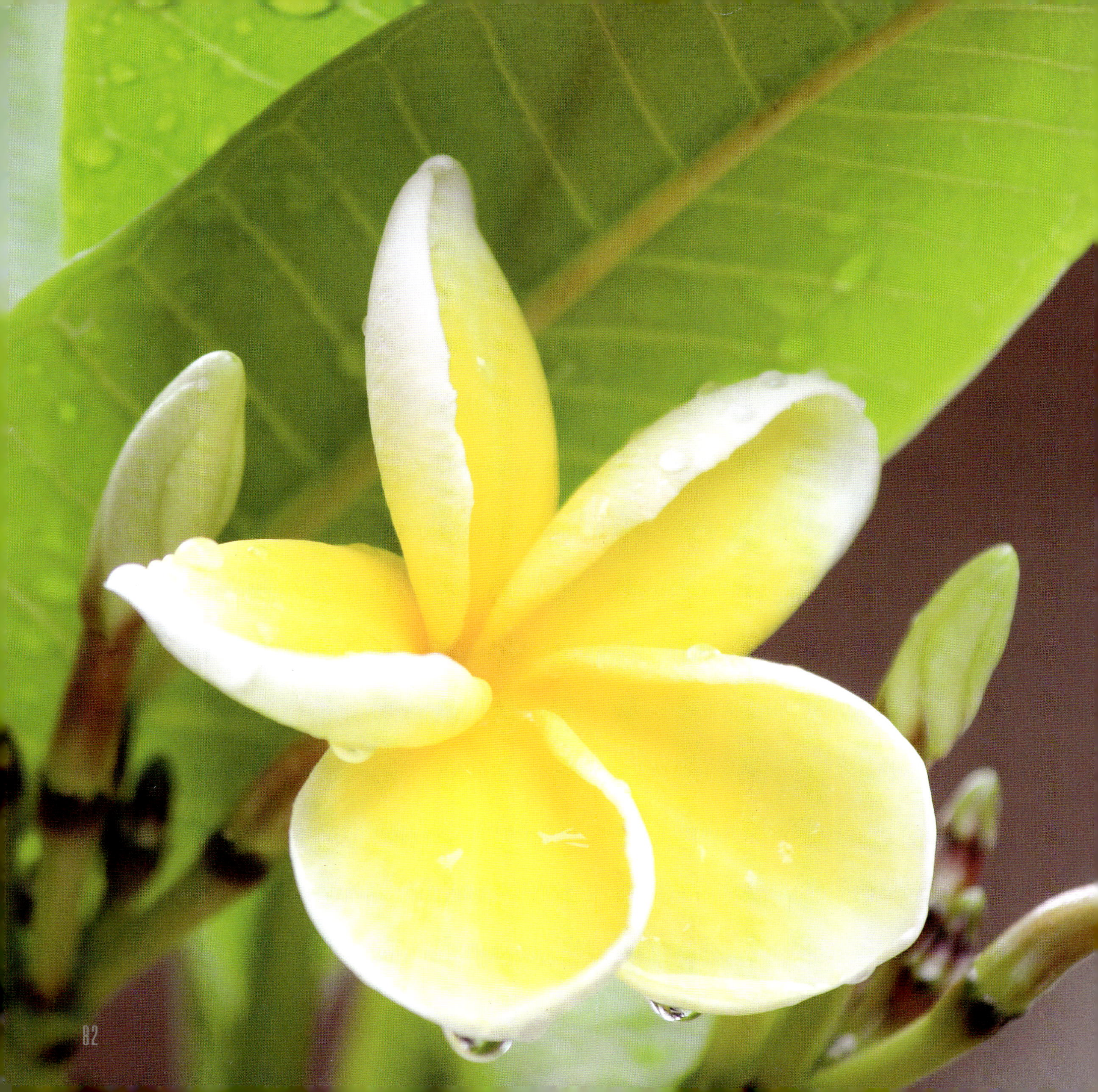

TEMPELBLUME

Gr.: S/M (L/XL)

Länge ab Nacken: 54 cm

MATERIAL
200 g Highland Farbe Curry
150 (200) g Spinni Farbe 3
150 g Isager Alpaca 1 Farbe 3
Diese 3 Fäden zusammen stricken

Rundnadel Nr. 4 und Nr. 5
Nadelspiel Nr. 4

Maschenprobe in glatt rechts mit Nd Nr. 5:
10 cm = 18 M und 24 R

☐ = re

☐ = li

◩ = 2 M re zus

◪ = 2 M re verschr zus

⊖ = 1 neue M, dafür den Querfaden zw den M auf die li Nd heben und li verschr str

λ = 1 M abh – 2 M re zus – die eine M über die zus gestr M heben

⌒ = 1 U

⧖ = 3 M li zus

o = hier wird eine M aus der letzten Rd bzw. aus dem letzten Rapport „ausgeliehen"

84

HALSAUSSCHNITT
Der Poncho wird von oben nach unten gestr.
102 (114) M mit allen 3 Fäden und Rundnadel Nr. 4 anschlagen.
6 cm rund in Rippen str: *3 M li – 3 M re*. Von * bis * wdh.
Mit dem Körper fortsetzen.

KÖRPER
Zu Nd Nr. 5 wechseln.
Nach DIAGRAMM str.
Es ist nur jede zweite Rd beschrieben.
In den anderen Rd rechts über re M und links über li M str.
Die U in den RückR li str.

192 (216) M für den Rücken re abk – 48 M für den Ärmel li str – 120 (144) M für das Vorderteil re abk – 48 M für den Ärmel li str.

ÄRMEL
Mit dem Nadelspiel die Ärmelmaschen rund str.
12 cm rund in Rippen str: 2 M li – *3 M re – 3 M li*. Von * bis * wdh. Enden mit 3 M re – 1 M li.
In Rippen abk.

FERTIGSTELLUNG
Den Körper ab Ärmel ca. 6 cm zusammennähen.
Das ergibt eine bessere Passform.
Ab Ärmel bis zum nächsten Blatt nähen.
Die Fäden vernähen.

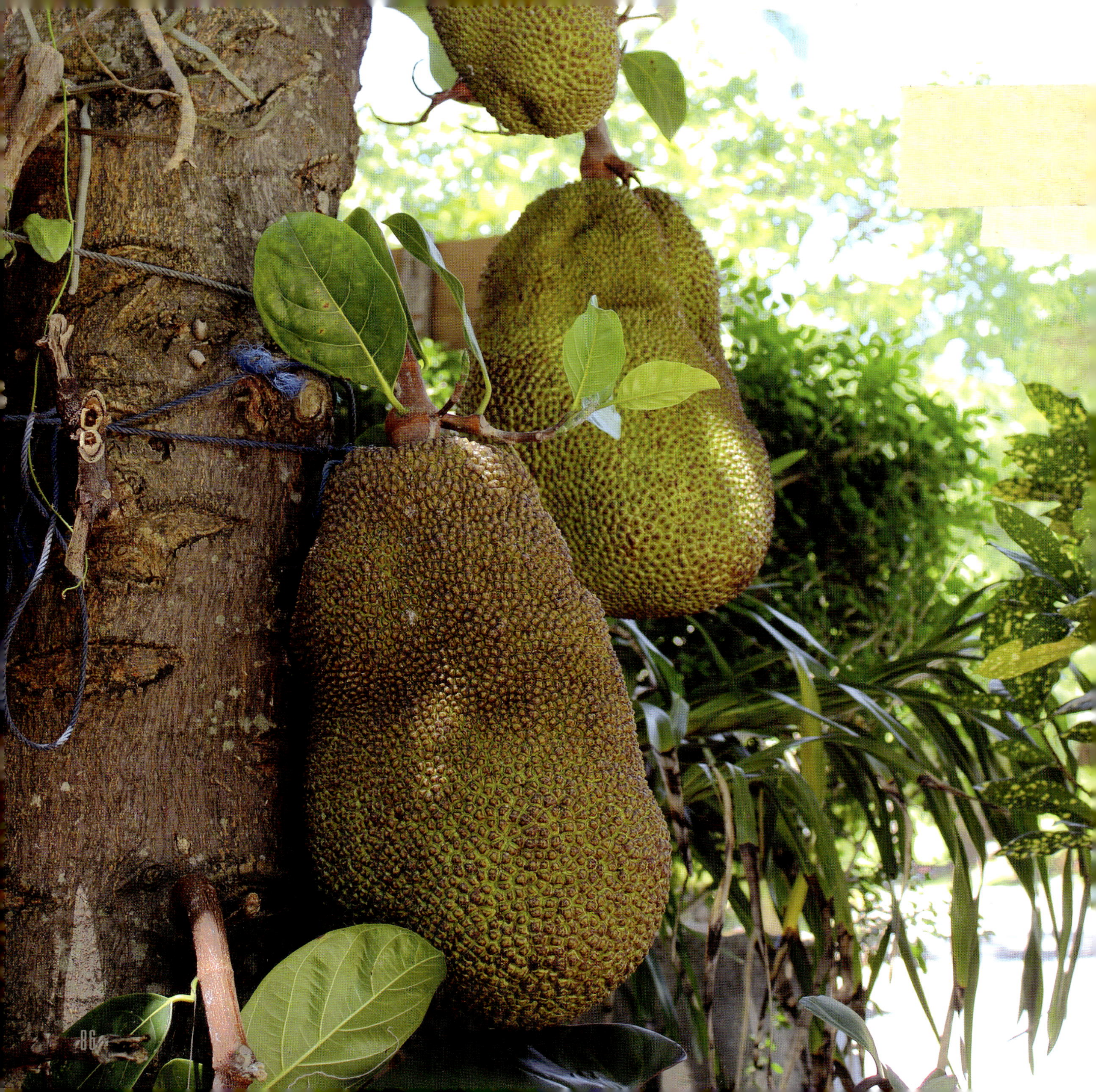

TROPISCHE FRÜCHTE

Gr.: S (M) L (XL)

Halbe Oberweite: 46 (50) 53 (58) cm
Länge: 59 (60) 61 (62) cm
Ärmellänge innen: 44 cm

MATERIAL
500 (500) 550 (550) g Highland Farbe Moss
Mit 2 Fäden stricken

6 Knöpfe

Rundnadel und Nadelspiel Nr. 4½, Hilfsnadel (kurze Zopfnadel)

Maschenprobe in glatt rechts: 10 cm = 19 M und 24 R

Muster für die Zöpfe:

A: 4 M auf eine Hilfsnadel vor die Arbeit nehmen – 4 M re str – die 4 M von der Hilfsnd re str.

B: 4 M auf eine Hilfsnadel hinter die Arbeit nehmen – 4 M re str – die 4 M von der Hilfsnd re str.

C: 2 M auf eine Hilfsnadel vor die Arbeit nehmen – 2 M re str – die 2 M von der Hilfsnd re str.

D: 4 M re – 4 M auf eine Hilfsnadel vor die Arbeit nehmen – 4 M re str – die 4 M von der Hilfsnd re str – 4 M re str.

KÖRPER

272 (288) 310 (330) M mit 2 Fäden und Nd Nr. 4½ anschlagen.

Reihe 1 (RückR): 1 M abh mit dem Faden vor der Arbeit = 1 M abh Fv – 2 M li – 2 M re – 2 M li – 14 (16) 17 (21) M re – 4 M li – 2 (2) 3 (3) M re – 16 M li – 2 (2) 3 (3) M re – 4 M li – 16 (18) 20 (22) M re – 4 M li – 2 (2) 3 (3) M re (Seitennaht) – 4 M li – 16 (18) 20 (22) M re – 4 M li – 2 (2) 3 (3) M re – 16 M li – 2 (2) 3 (3) M re – 4 M li – 34 (38) 40 (44) M re (Rückenmitte) – 4 M li – 2 (2) 3 (3) M re – 16 M li – 2 (2) 3 (3) M re – 4 M li – 16 (18) 20 (22) M re – 4 M li – 2 (2) 3 (3) M re (Seitennaht) – 4 M li – 16 (18) 20 (22) M re – 4 M li – 2 (2) 3 (3) M re – 16 M li – 2 (2) 3 (3) M re – 4 M li – 14 (16) 17 (21) M re – 2 M li – 2 M re – 2 M li – 1 M re.

Reihe 2: 1 M abh Fv – 2 M re – 2 M li – 2 M re – 2 M li – 10 (12) 12 (16) M re – 2 (2) 3 (3) M li – 4 M re – 2 (2) 3 (3) M li – 16 M re – 2 (2) 3 (3) M li – 4 M re – 2 (2) 3 (3) M li – 12 (14) 14 (16) M re – 2 (2) 3 (3) M li – 4 M re – 2 (2) 3 (3) M li (Seitennaht) – 4 M re – 2 (2) 3 (3) M li – 12 (14) 14 (16) M re – 2 (2) 3 (3) M li – 4 M re – 2 (2) 3 (3) M li – 16 M re – 2 (2) 3 (3) M li – 4 M re – 2 (2) 3 (3) M li – 30 (34) 34 (38) M re (Rückenmitte) – 2 (2) 3 (3) M li – 4 M re – 2 (2) 3 (3) M li – 16 M re – 2 (2) 3 (3) M li – 4 M re – 2 (2) 3 (3) M li – 12 (14) 14 (16) M re – 2 (2) 3 (3) M li – 4 M re – 2 (2) 3 (3) M li (Seitennaht) – 4 M re – 2 (2) 3 (3) M li – 12 (14) 14 (16) M re – 2 (2) 3 (3) M li – 4 M re – 2 (2) 3 (3) M li – 16 M re – 2 (2) 3 (3) M li – 4 M re – 2 (2) 3 (3) M li – 10 (12) 12 (16) M re – 2 M li – 2 M re – 2 M li – 3 M re.

Reihe 3: Wie Reihe 1.

Reihe 4 mit Zöpfen: 1 M abh Fv – 2 M re – 2 M li – 2 M re – 14 (16) 17 (21) M li – C – 2 (2) 3 (3) M li – B – A – 2 (2) 3 (3) M li – C – 16 (18) 20 (22) M li – C – 2 (2) 3 (3) M li (Seitennaht) – C – 16 (18) 20 (22) M li – C – 2 (2) 3 (3) M li – B – A – 2 (2) 3 (3) M li – C – 34 (38) 40 (44) M li (Rückenmitte) – C – 2 (2) 3 (3) M li – B – A – 2 (2) 3 (3) M li – C – 16 (18) 20 (22) M li – C – 2 (2) 3 (3) M li (Seitennaht) – C – 16 (18) 20 (22) M li – C – 2 (2) 3 (3) M li – B – A – 2 (2) 3 (3) M li – C – 14 (16) 17 (21) M li – 2 M re – 2 M li – 3 M re.

Reihe 5: 1 M abh Fv – 2 M li – 2 M re – 2 M li – 2 M re – 10 (12) 12 (16) M li – 2 (2) 3 (3) M re – 4 M li – 2 (2) 3 (3) M re – 16 M li – 2 (2) 3 (3) M re – 4 M li – 2 (2) 3 (3) M re – 12 (14) 14 (16) M li – 2 (2) 3 (3) M re – 4 M li – 2 (2) 3 (3) M re (Seitennaht) – 4 M li – 2 (2) 3 (3) M re – 12 (14) 14 (16) M li – 2 (2) 3 (3) M re – 4 M li – 2 (2) 3 (3) M re – 16 M li – 2 (2) 3 (3) M re – 4 M li – 2 (2) 3 (3) M re – 30 (34) 34 (38) M li (Rückenmitte) – 2 (2) 3 (3) M re – 4 M li – 2 (2) 3 (3) M re – 16 M li – 2 (2) 3 (3) M re – 4 M li – 2 (2) 3 (3) M re – 12 (14) 14 (16) M li – 2 (2) 3 (3) M re – 4 M l – 2 (2) 3 (3) M re (Seitennaht) – 4 M li – 2 (2) 3 (3) M re – 12 (14) 14 (16) M li – 2 (2) 3 (3) M re – 4 M li – 2 (2) 3 (3) M re – 16 M li – 2 (2) 3 (3) M re – 4 M li – 2 (2) 3 (3) M re – 10 (12) 12 (16) M li – 2 M re – 2 M li – 2 M re – 2 M li – 1 M re.

Reihe 6: Wie Reihe 2.
Reihe 7: Wie Reihe 5.
Reihe 8: Wie Reihe 2.
Reihe 9: Wie Reihe 5.

Reihe 10 mit C Zöpfen: 1 M abh Fv – 2 M re – 2 M li – 2 M re – 14 (16) 17 (21) M li – C – 2 (2) 3 (3) M li – 16 M re – 2 (2) 3 (3) M li – C – 16 (18) 20 (22) M li – C – 2 (2) 3 (3) M li (Seitennaht) – C – 16 (18) 20 (22) M li – C – 2 (2) 3 (3) M li – 16 M re – 2 (2) 3 (3) M li – C – 34 (38) 40 (44) M li (Rückenmitte) – C – 2 (2) 3 (3) M li – 16 M re – 2 (2) 3 (3) M li – C – 16 (18) 20 (22) M li – C – 2 (2) 3 (3) M li (Seitennaht) – C – 16 (18) 20 (22) M li – C – 2 (2) 3 (3) M li – 16 M re – 2 (2) 3 (3) M li – C – 14 (16) 17 (21) M li – 2 M re – 2 M li – 3 M re.

Reihe 11: Wie Reihe 5.
Reihe 12: Wie Reihe 2.
Reihe 13: Wie Reihe 5.
Reihe 14: Wie Reihe 2.
Reihe 15: Wie Reihe 5.

Reihe 16 mit 1. Knopfloch, Zöpfen und Abnahmen an 6 Stellen:
1 M abh Fv – 1 M re – 2 M re verschr zus – 2 neue M anschl – 2 M re zus – 1 M re – 14 (16) 17 (21) M li – C – 2 (2) 3 (3) M li – A – B – 2 (2) 3 (3) M li – C – 12 (14) 15 (17) M li – 2 M li zus – 2 (2) 3 (3) M li – C – 2 (2) 3 (3) M li (Seitennaht) – C – 2 (2) 3 (3) M li – 2 M li zus – 12 (14) 15 (17) M li – C – 2 (2) 3 (3) M li – A – B – 2 (2) 3 (3) M li – C – 2 (2) 3 (3) M li – 2 M li zus – 26 (30) 30 (34) M li (Rückenmitte) – 2 M li zus – 2 (2) 3 (3) M li – C – 2 (2) 3 (3) M li – A – B – 2 (2) 3 (3) M li – C – 12 (14) 15 (17) M li – 2 M li zus – 2 (2) 3 (3) M li – C – 2 (2) 3 (3) M li (Seitennaht) – C – 2 (2) 3 (3) M li – 2 M li zus – 12 (14) 15 (17) M li – C – 2 (2) 3 (3) M li – A – B – 2 (2) 3 (3) M li – C – 14 (16) 17 (21) M li – 2 M re – 2 M li – 3 M re = 266 (282) 304 (324) M.

Reihe 17: 1 M abh Fv – 2 M li – 2 M re – 2 M li – 2 M re – 10 (12) 12 (16) M li – 2 (2) 3 (3) M re – 4 M li – 2 (2) 3 (3) M re – 16 M li – 2 (2) 3 (3) M re – 4 M li – 2 (2) 3 (3) M re – 11 (13) 13 (15) M li – 2 (2) 3 (3) M re – 4 M li – 2 (2) 3 (3) M re (Seitennaht) – 4 M li – 2 (2) 3 (3) M re – 11 (13) 13 (15) M li – 2 (2) 3 (3) M re – 4 M li – 2 (2) 3 (3) M re – 16 M li – 2 (2) 3 (3) M re – 4 M li – 2 (2) 3 (3) M re – 28 (32) 32 (36) M li (Rückenmitte) – 2 (2) 3 (3) M re – 4 M li – 2 (2) 3 (3) M re – 16 M li – 2 (2) 3 (3) M re – 4 M li – 2 (2) 3 (3) M re – 11 (13) 13 (15) M li – 2 (2) 3 (3) M re – 4 M li – 2 (2) 3 (3) M re (Seitennaht) – 4 M li – 2 (2) 3 (3) M re – 11 (13) 13 (15) M li – 2 (2) 3 (3) M re – 4 M li – 2 (2) 3 (3) M re – 16 M li – 2 (2) 3 (3) M re – 4 M li – 2 (2) 3 (3) M re – 10 (12) 12 (16) M li – 2 M re – 2 M li – 2 M re – 2 M li – 1 M re.

Reihe 18 – Reihe 21: Das Muster wie bisher str, jedoch an den Abnahmestellen nun mit weniger M.

Reihe 22 mit C und D Zöpfen + Abnahmen nur in der Rückenmitte:

1 M abh Fv – 2 M re – 2 M li – 2 M re – 14 (16) 17 (21) M li – C – 2 (2) 3 (3) M li – D – 2 (2) 3 (3) M li – C – 15 (17) 19 (21) M li – C – 2 (2) 3 (3) M li (Seitennaht) – C – 15 (17) 19 (21) M li – C – 2 (2) 3 (3) M li – D – 2 (2) 3 (3) M li – C – 2 (2) 3 (3) M li – 2 M li zus – 24 (28) 28 (32) M li (Rückenmitte) – 2 M li zus – 2 (2) 3 (3) M li – C – 2 (2) 3 (3) M li – D – 2 (2) 3 (3) M li – C – 15 (17) 19 (21) M li – C – 2 (2) 3 (3) M li (Seitennaht) – C – 15 (17) 19 (21) M li – C – 2 (2) 3 (3) M li – D – 2 (2) 3 (3) M li – C – 14 (16) 17 (21) M li – 2 M re – 2 M li – 3 M re = 264 (280) 302 (322) M.

Reihe 23 – Reihe 27: Das Muster wie bisher str, aber mit reduzierter Maschenanzahl.

Reihe 28 mit B – A Zöpfen, C Zöpfen + Abnahmen an 6 Stellen = 258 (274) 296 (316) M.

Reihe 29 – Reihe 33: Das Muster wie bisher str, aber mit reduzierter Maschenanzahl.

Reihe 34 mit C Zöpfen + Abnahmen nur in der Rückenmitte = 256 (272) 294 (314) M.

Reihe 35 – Reihe 39: Das Muster wie bisher str, aber mit reduzierter Maschenanzahl.

Reihe 40 mit Knopfloch, A – B Zöpfen, C Zöpfen + Abnahmen an 6 Stellen = 250 (266) 288 (308) M.

Reihe 41 – Reihe 45: Das Muster wie bisher str, aber mit reduzierter Maschenanzahl.

Reihe 46 mit C und D Zöpfen + Abnahmen nur in der Rückenmitte = 248 (264) 286 (306) M.

Reihe 23 – Reihe 46 wdh:C Zöpfe + Abn in der Rückenmitte erfolgen in jeder 6. R.

In jeder 12. R abwechselnd B – A Zöpfe und A – B Zöpfe + zusätzlicher Abn an den Seitennähten str.

D Zöpfe in jeder 24. R str.

Knopflöcher in jeder 24. R wdh.

Weiterstricken, bis in der Rückenmitte insg 9 Abn gestr sind = 12 (16) 16 (20) M.

An beiden Seitennähten je 5 Abn str = 7 (9) 9 (11) M in dem glatt rechts gestr Teil mit den Linksrippen = 234 (250) 272 (292) M.

C + D Zöpfe ohne Abn str = Taille.

Zusammen mit den nächsten Zöpfen nun Zunahmen str:
1 M abh Fv – 2 M re – 2 M li – 2 M re – 14 (16) 17 (21) M li – C – 2 (2) 3 (3) M li – B – A – 2 (2) 3 (3) M li – C – 8 (10) 11 (13) M li – 1 neue M li, dafür den Querfaden zw den M verdreht auf die li Nd nehmen und li str – 3 (3) 4 (4) M li – C – 2 (2) 3 (3) M li (Seitennaht) – C – 3 (3) 4 (4) M li – 1 neue M li – 8 (10) 11 (13) M li – C – 2 (2) 3 (3) M li – B – A – 2 (2) 3 (3) M li – C – 3 (3) 4 (4) M li – 1 neue M li – 10 (14) 14 (18) M li (Rückenmitte) – 1 neue M li – 3 (3) 4 (4) M li – C – 2 (2) 3 (3) M li – B – A – 2 (2) 3 (3) M li – C – 8 (10) 11 (13) M li – 1 neue M li – 3 (3) 4 (4) M li – C – 2 (2) 3 (3) M li (Seitennaht) – C – 3 (3) 4 (4) M li – 1 neue M li – 8 (10) 11 (13) M li – C – 2 (2) 3 (3) M li – B – A – 2 (2) 3 (3) M li – C – 14 (16) 17 (21) M li – 2 M re – 2 M li – 3 M re = 240 (256) 278 (298) M.

Das Muster str wie bisher, aber in jeder 12. R Zun in der Rückenmitte UND an den Seitennähten str.

Weiterstricken, bis an allen 6 Stellen je 4 Zun gestr sind. Zusammen mit der letzten Zun auch das 5. Knopfloch str.
Rückenmitte = 20 (24) 24 (28) M.
An den Seitennähten = 11 (13) 13 (15) M glatt rechts mit Linksrippe.
Insg sind 258 (274) 296 (316) M auf der Nd.

Noch 4 R nach der letzten Zun str.
Die Arbeit misst 39 cm.

In der nächsten RückR für den Armausschnitt abk:
64 (68) 73 (79) M im Muster str – 10 (10) 11 (11) M abk (= C Zopf + 2 (2) 3 (3) M + C Zopf) – 110 (118) 128 (136) M im Muster (die erste M ist bereits auf der Nd) – 10 (10) 11 (11) M abk
(= C Zopf + 2 (2) 3 (3) M + C Zopf) – 64 (68) 73 (79) M im Muster str.

Jedes Teil nun für sich fertig str.

RECHTES VORDERTEIL
Im Muster weiterstricken.
Für den Armausschnitt am Anfang der RückR M abk.

0 (1) 1 (2) Mal 3 M abk = 64 (65) 70 (73) M.
3 Mal 2 M abk = 58 (59) 64 (67) M.
6 (5) 5 (4) Mal 1 M abk = 52 (54) 59 (63) M.
Armausschnitt = 18 R.

1 R mit dem 6. Knopfloch str.
Weitere 6 (6) 12 (12) R str.

HALSAUSSCHNITT
Den Halsausschnitt mit Wenden und nicht mit Abk str, so dass die M für den KRAGEN auf der Nd bleiben:
Reihe 1 (ab Armseite): 43 (45) 50 (54) M str. Wenden (die letzten 9 M nicht str).
Reihe 2: 1 verschr U um die re Nd legen. 43 (45) 50 (54) M str.
Reihe 3: 40 (42) 47 (50) M str. Wenden.
Reihe 4: 1 verschr U. 40 (42) 47 (50) M str.
Reihe 5: 38 (39) 45 (47) M str. Wenden.
Reihe 6: 1 verschr U. 38 (39) 45 (47) M str.
Reihe 7: 36 (37) 43 (44) M str. Wenden.
Reihe 8: 1 verschr U. 36 (37) 43 (44) M str.
Reihe 9: 35 (35) 42 (42) M str. Wenden.
Reihe 10: 1 verschr U. 35 (35) 42 (42) M str.

Weiterhin 1 M vor dem U wenden, bis in der RückR 34 (34) 38 (38) M sind.
Bei der letzten Wende KEINEN U machen.

Halsausschnitt = 12 (12) 18 (18) R.

10 R über die letzten 34 (34) 38 (38) M str =
1 R vor den Zöpfen.
Die Fäden abschneiden. Die M auf der Nd lassen.

LINKES VORDERTEIL
Wie das RECHTE VORDERTEIL str, jedoch ohne Knopflöcher.
Für den Armausschnitt nun am Beginn der HinR abk.

7 (7) 13 (13) R nach Abk für den Armausschnitt und vor dem Halsausschnitt str.

Für die Schulter über die letzten 34 (34) 38 (38) M 11 R str = 1 R vor den Zöpfen.
Die Fäden abschn. Die M auf der Nd lassen.

RÜCKEN

Im Muster weiterstricken.
In einer HinR mit dem Abk beg.
Für die Armausschnitte beidseitig am Beginn der R abk.
GLEICHZEITIG 11 R nach der letzten Zun in der Rückenmitte noch eine Zun str.
Rückenmitte = 22 (26) 26 (30) M.
Beidseitig 2 (3) 3 (4) Mal 2 M abk = 104 (108) 118 (122) M.
Beidseitig 8 Mal 1 M abk = 88 (92) 102 (106) M.

Armausschnitt = 20 (22) 22 (24) R.
26 (24) 36 (34) R ohne Abk str= 3 R nach den Zöpfen
Die 20 (24) 26 (30) Nackenmaschen auf einen Faden setzen.

4 Musterreihen über die 34 (34) 38 (38) Schultermaschen str. Die M auf der Nd lassen.
Der Rücken ist länger als die Vorderteile.

Die Schulter mit dem Vorderteil zus str, dafür die Teile rechts auf rechts legen. Mit einer dritten Nd die gegenüberliegenden M zus str und gleichzeitig dabei abk.

An der zweiten Schulter auch 4 R str.
Am Nacken beg.
Mit dem Vorderteil zus str.

KRAGEN

Von der Außenseite mit Nd Nr. 4½ M aus dem Halsausschnitt heraus str:
8 M in Rippen str – die letzte M der 9 M vor den Wenden mit dem U li zus str – 2 (2) 2 (3) M re – die nächste M mit dem U re zus str – 1 (2) 1 (2) M re – die nächste M mit dem U re zus str.
Weiterhin bis 1 M vor den U str – diese mit dem U zus str.
Zuletzt gibt es keine M mehr zw dem Zusammenstricken mit den U.
Es sind nun 18 (20) 21 (25) M.
14 (14) 17 (15) M aus dem geraden Teil – über die Schulter – bis zu den Nackenmaschen heraus str.
Die 20 (24) 24 (28) Nackenmaschen wieder auf die Nd nehmen und re str.

14 (14) 17 (15) M aus dem geraden Teil bis zu den Wendemaschen str.
1 M re str – den U mit der nächsten M zus str. Weiterhin die U mit den nächsten M re zus str, bis zu dem letzten U. Diesen mit der nächsten M li zus str – 8 M in Rippen str.

Kragen = 84 (92) 100 (108) M.

Reihe 1 (Außenseite Kragen = Innenseite Jacke): 1 M abh Fv – *2 M li – 2 M re*. Von * bis * wdh. Enden mit: 2 M li – 1 M re.
Reihe 2: 1 M abh Fv – *2 M re – 2 M li*. Von * bis * wdh. Enden mit: 3 M re.

Reihe 1 und Reihe 2 wdh, bis insg 7 R gestr sind. Nach einer Reihe 1 enden.

1. ZUNAHME: 1 M abh Fv – *2 M re – 2 M li – 2 M re – 1 neue M re, dafür den Querfaden zw den M verdreht auf die li Nd heben und re str – 2 M li*. Von * bis * wdh. Enden mit: 3 M re = 94 (103) 112 (121) M.

Reihe 3 (Außenseite Kragen): 1 M abh Fv – *2 M li – 2 M re – 3 M li – 2 M re*. Von * bis * wdh. Enden mit: 2 M li – 1 M re.
Reihe 4: 1 M abh Fv – *2 M re – 2 M li – 3 M re – 2 M li*. Von * bis * wdh. Enden mit: 3 M re.

Reihe 3 und Reihe 4 wdh, bis insg 7 R gestr sind. Enden nach einer Reihe 3.

2. ZUNAHE: 1 M abh Fv – 2 M re – 2 M li – 3 M re – 2 M li – *2 M re – 1 neue M re – 2 M li – 3 M re – 2 M li*. Von * bis * wdh. Enden mit: 3 M re = 103 (113) 123 (133) M.

Reihe 5 (Außenseite Kragen): 1 M abh Fv – 2 M li – *2 M re – 3 M li*. Von * bis * wdh. Enden mit: 2 M li – 1 M re.
Reihe 6: 1 M abh Fv – 2 M re – *2 M li – 3 M re*. Von * bis * wdh.

Reihe 5 und Reihe 6 wdh, bis insg 7 R gestr sind. Enden nach Reihe 5.

3. ZUNAHME: 1 M abh Fv – 2 M re – 2 M li – *3 M re – 1 neue M re – 2 M li – 3 M re – 2 M li*. Von * bis * wdh.

Enden mit: 3 M re – 1 neue M re – 2 M li – 3 M re = 113 (124) 135 (146) M.

Reihe 7 (Außenseite Kragen): 1 M abh Fv – 2 M li – *2 M re – 4 M li – 2 M re – 3 M li*. Von * bis * wdh. Enden mit: 2 M re – 4 M li – 2 M re – 2 M li – 1 M re.
Reihe 8: 1 M abh Fv – 2 M re – *2 M li – 4 M re – 2 M li – 3 M re*. Von * bis * wdh.

Reihe 7 und Reihe 8 wdh, bis insg 7 R gestr sind. Nach einer Reihe 7 enden.
In Rippen abk.

ÄRMEL

52 (52) 56 (56) M mit zwei Fäden und Nadelspiel Nr. 4½ anschl.
Den Ärmel rund str.

Runde 1: 12 (12) 13 (13) M li – 4 M re – 2 (2) 3 (3) M li – 16 M re – 2 (2) 3 (3) M li – 4 M re – 12 (12) 13 (13) M li.
Runde 2: 10 M re – 2 (2) 3 (3) M li – 4 M re – 2 (2) 3 (3) M li – 16 M re – 2 (2) 3 (3) M li – 4 M re – 2 (2) 3 (3) M li – 10 M re.
Runde 3: Wie Runde 1.
Runde 4 mit Zöpfen: 12 (12) 13 (13) M li – C – 2 (2) 3 (3) M li – B – A – 2 (2) 3 (3) M li – C – 12 (12) 13 (13) M li.

Runde 5: Wie Runde 2.
Runde 6: Wie Runde 2.
Runde 7: Wie Runde 2.
Runde 8: Wie Runde 2.
Runde 9: Wie Runde 2.

Runde 10 mit C Zöpfen und Zunahmen: 1 M li – 1 neue M li – 11 (11) 12 (12) M li – C – 2 (2) 3 (3) M li – 16 M re – 2 (2) 3 (3) M li – C – 11 (11) 12 (12) M li – 1 neue M li – 1 M li.
Runde 11 – Runde 15: 11 M re – 2 (2) 3 (3) M li – 4 M re – 2 (2) 3 (3) M li – 16 M re – 2 (2) 3 (3) M li – 4 M re – 2 (2) 3 (3) M li – 11 M re.

Die Zun insg 14 (16) 16 (18) Mal in jeder 7. (6.) 6. (5.) Rd str = 80 (84) 88 (92) M.
Die neuen M in das Muster einfügen.

Runde 16: Im Muster str mit Linksrippe, C und A – B Zöpfen.

Runde 17 – Runde 21: Im Muster str.
Runde 22: Im Muster str mit Linksrippe, C und D Zöpfen.
Runde 23 – Runde 27: Im Muster str.
Runde 28: Im Muster str mit Linksrippe, C und B – A Zöpfen.
Runde 29 – Runde 33: Im Muster str.
Runde 34: Im Muster str mit Linksrippe, C Zöpfen.

Runde 35 – Runde 39: Im Muster str.
Runde 40: Im Muster str mit Linksrippe, C und A – B Zöpfen.

C Zöpfe in jeder 6. Rd str.
In jeder 12. Rd abwechselnd B – A Zöpfen und A – B Zöpfe str.
D Zöpfe in jeder 24. Rd str.

Weiterstr, bis der Ärmel 44 cm misst.
1, 3 oder 5 Rd nach einer Zopfreihe enden.

Die Arbeit unter dem Ärmel teilen und in R hin und her str.
Am Anfang der Rd 3 (4) 3 (4) M abk – die Rd zu Ende str. Wenden. Am Anfang der RückR 3 (4) 3 (4) M abk – die R zu Ende str = 74 (76) 82 (84) M.

Beidseitig am Anfang der R abk.
Beidseitig 2 Mal 2 M abk = 66 (68) 74 (76) M.
Beidseitig 15 (16) 16 (17) Mal 1 M abk = 36 (36) 42 (42) M.
Beidseitig 2 (2) 3 (3) Mal 2 M abk = 28 (28) 30 (30) M.
Beidseitig 1 Mal 4 M abk = 20 (20) 22 (22) M.
Beidseitig 1 Mal 2 (2) 3 (3) M abk = 16 M.
Die letzten Maschen 2 und 2 M zus str und gleichzeitig abk.

Den zweiten Ärmel auf die gleiche Weise str.

FERTIGSTELLUNG

Die Fäden vernähen und die Knöpfe annähen.
Die Ärmel mit Nadeln in den Armausschnitten feststecken und von außen einnähen.

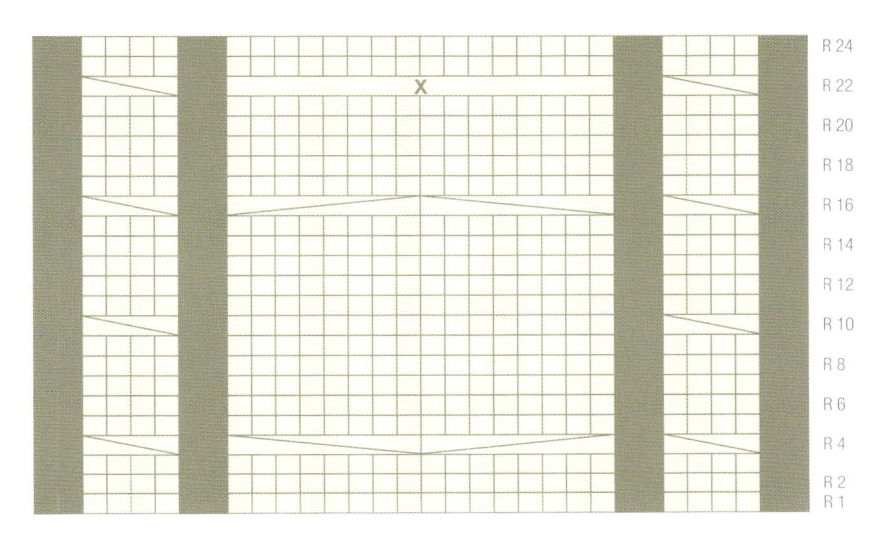

☐	= rechts in den HinR – links in den RückR
■	= 2 (2) 3 (3) M links in den HinR – 2 (2) 3 (3) M rechts in den RückR
◪	= 4 re M auf Hilfsnd vor die Arbeit legen – 4 M re – die 4 M von der Hilfsnd re str
◪	= 4 re M auf Hilfsnd hinter die Arbeit legen – 4 M re – die 4 M von der Hilfsnd re str
◪	= 2 re M auf Hilfsnd vor die Arbeit legen – 2 M re – die 2 M von der Hilfsnd re str
X	= 4 M re – 4 re M auf Hilfsnd vor die Arbeit legen – 4 M re – die 4 M von der Hilfsnd re str – 4 M re

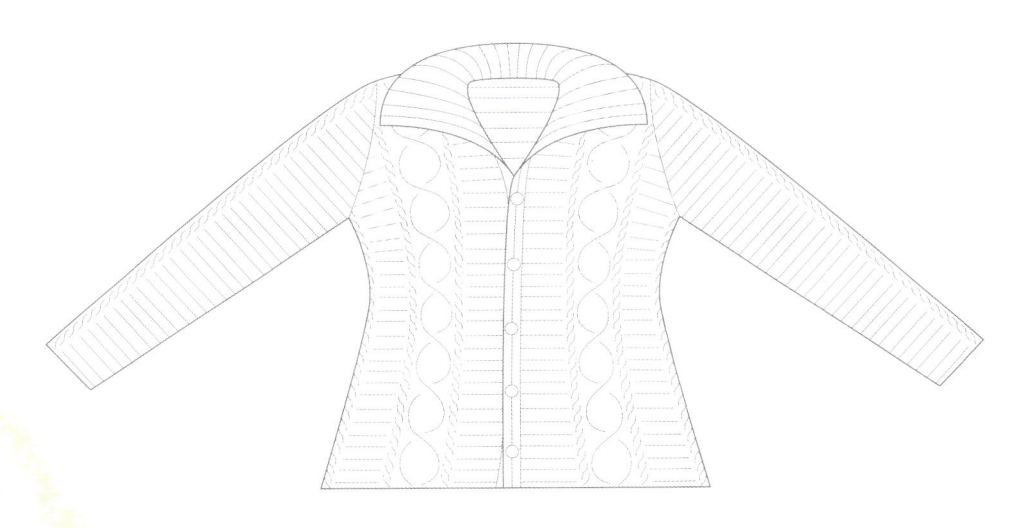

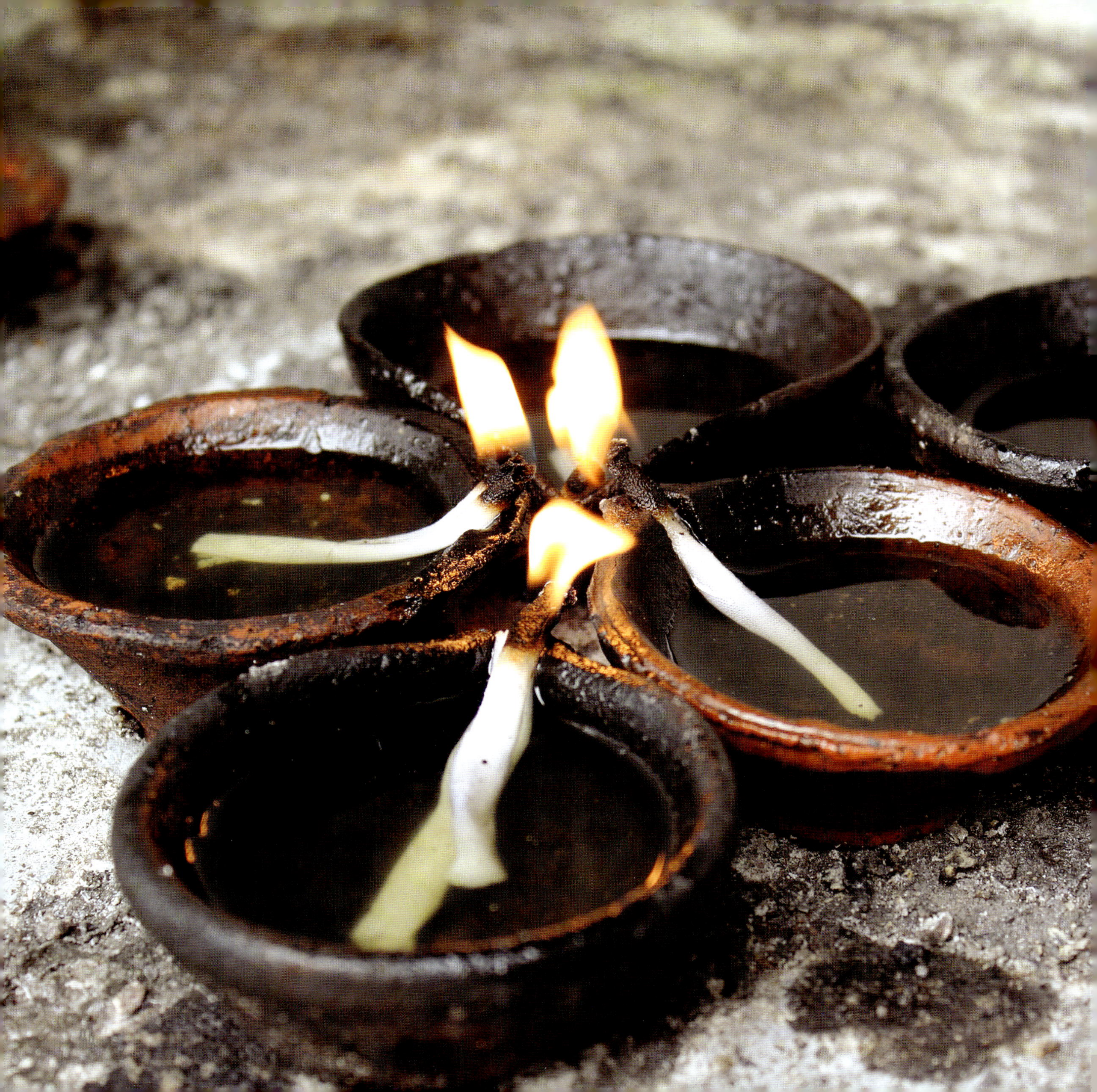

GLAUBE VERSETZT BERGE

Gr.: S (M) L (XL)

Halbe Oberweite: 47 (51) 53 (56) cm
Länge: 53 (55) 55 (57) cm
Ärmellänge innen: 43 cm

MATERIAL

200 (250) 250 (300) g Viscolin Farbe 0 (natur)
200 (200) 250 (250) g Isager Alpaca 2 Farbe 0 (wollweiß)
Diese 2 Fäden zusammen stricken

Rundnadel und Nadelspiel Nr. 4
Ärmelnadel Nr. 3½

Maschenprobe in glatt rechts mit Nd Nr. 4:
10 cm = 20 M und 26 R

Der Pullover wird in Teilen von unten nach oben gestrickt.

RÜCKEN

96 (104) 108 (114) M mit Nd Nr. 4 anschl.
In R hin und her str.

Reihe 1 (RückR): 1 (3) 1 (3) M re – 2 (4) 3 (4) M li – 4 M re – 4 M li – *4 M re – 6 M li*.
Von * bis * insg 7 (7) 8 (8) Mal str – 4 M re – 4 M li – 4 M re – 2 (4) 3 (4) M li – 1 (3) 1 (3) M re.
Reihe 2: 0 (1) 0 (1) M re – 0 (2) 0 (2) M li – 3 (4) 4 (4) M re – 4 M li – 4 M re – *4 M li – 6 M re*.
Von * bis * insg 7 (7) 8 (8) Mal str – 4 M li – 4 M re – 4 M li – 3 (4) 4 (4) M re – 0 (2) 0 (2) M li – 0 (1) 0 (1) M re.

Reihe 1 – Reihe 2 wdh, bis insg 38 cm gestrickt sind.
Die letzte Reihe muß eine RückR sein.

Für den Armausschnitt am Beginn der nächsten R 7 (11) 8 (11) M abk= 89 (93) 100 (103) M.
Auch in der nächsten R 7 (11) 8 (11) M abk = 82 (82) 92 (92) M.
Die Fäden abschneiden.
Das Rückenteil beiseite legen.

VORDERTEIL

96 (104) 108 (114) M mit Nd Nr. 4 anschl.
In R hin und her str.

Reihe 1 (RückR): 1 (3) 1 (3) M re – 2 (4) 3 (4) M li – 4 M re – 4 M li – *4 M re – 6 M li*.
Von * bis * insg 7 (7) 8 (8) Mal str – 4 M re – 4 M li – 4 M re – 2 (4) 3 (4) M li – 1 (3) 1 (3) M re.

Reihe 2: 0 (1) 0 (1) M re – 0 (2) 0 (2) M li – 3 (4) 4 (4) M re – 4 M li – 4 M re – *4 M li – 6 M re*.
Von * bis * insg 7 (7) 8 (8) Mal str – 4 M li – 4 M re – 4 M li – 3 (4) 4 (4) M re – 0 (2) 0 (2) M li – 0 (1) 0 (1) M re.
Reihe 3: Wie Reihe 1.

Das Rippenmuster fortsetzen, aber nun mit Ab– und Zunahmen.
Reihe 4: 0 (1) 0 (1) M re – 0 (2) 0 (2) M li – 3 (4) 4 (4) M re – 4 M li – 4 M re – 4 M li – 2 M re zus – 28 M in Rippen – 1 neue M li, dafür den Querfaden zw den M verdreht auf die li Nd nehmen und li str – 6 M re – 0 (0) 4 (4) M li – 0 (0) 6 (6) M re – 1 neue M li – 28 M in Rippen – 2 M re verschr zus – 4 M li – 4 M re – 4 M li – 3 (4) 4 (4) M re – 0 (2) 0 (2) M li – 0 (1) 0 (1) M re.
Reihe 5: Die erste und letzte M re str. In Rippen str.
Die neuen M re str.
Reihe 6: 15 (19) 16 (19) M in Rippen – 2 M re zus – 27 M in Rippen – 1 neue M li – 8 (8) 18 (18) M in Rippen – 1 neue M li – 27 M in Rippen – 2 M re verschr zus – 15 (19) 16 (19) M in Rippen.
Reihe 7: Wie Reihe 5.

Reihe 8: 15 (19) 16 (19) M in Rippen – 2 M re zus – 26 M in Rippen – 1 neue M li – 10 (10) 20 (20) M in Rippen – 1 neue M li – 26 M in Rippen – 2 M re verschr zus – 15 (19) 16 (19) M in Rippen.
Reihe 9: Wie Reihe 5.
Reihe 10: 15 (19) 16 (19) M in Rippen – 2 M re zus – 25 M in Rippen – 1 neue M li – 12 (12) 22 (22) M in Rippen – 1 neue M li – 25 M in Rippen – 2 M re verschr zus – 15 (19) 16 (19) M in Rippen.
Reihe 11: Wie Reihe 5.

Reihe 12: 15 (19) 16 (19) M in Rippen – 2 M re zus – 24 M in Rippen – 1 neue M re – 14 (14) 24 (24) M in Rippen – 1 neue M re – 24 M in Rippen – 2 M re verschr zus – 15 (19) 16 (19) M in Rippen.
Reihe 13: Die erste und letzte M re str. In Rippen str.
Die neuen M li str.

Reihe 14: 15 (19) 16 (19) M in Rippen – 2 M li zus – 23 M in Rippen – 1 neue M re – 16 (16) 26 (26) M in Rippen – 1 neue M re – 23 M in Rippen – 2 M li zus – 15 (19) 16 (19) M in Rippen.
Reihe 15: Wie Reihe 13.

Die Ab– und Zunahmen fortsetzen.
Wenn an der Außenseite 6 neue re M gestrickt sind, die nächsten 4 Zun wieder li str.
In jeder HinR erhöht sich die Maschenanzahl in dem Mittelteil um 2 M.
Die Abnahmestellen ergeben sich aus dem Rippenmuster.
Der Abstand zw Abn und Zun verringert sich bei jeder Abn um 1 M.

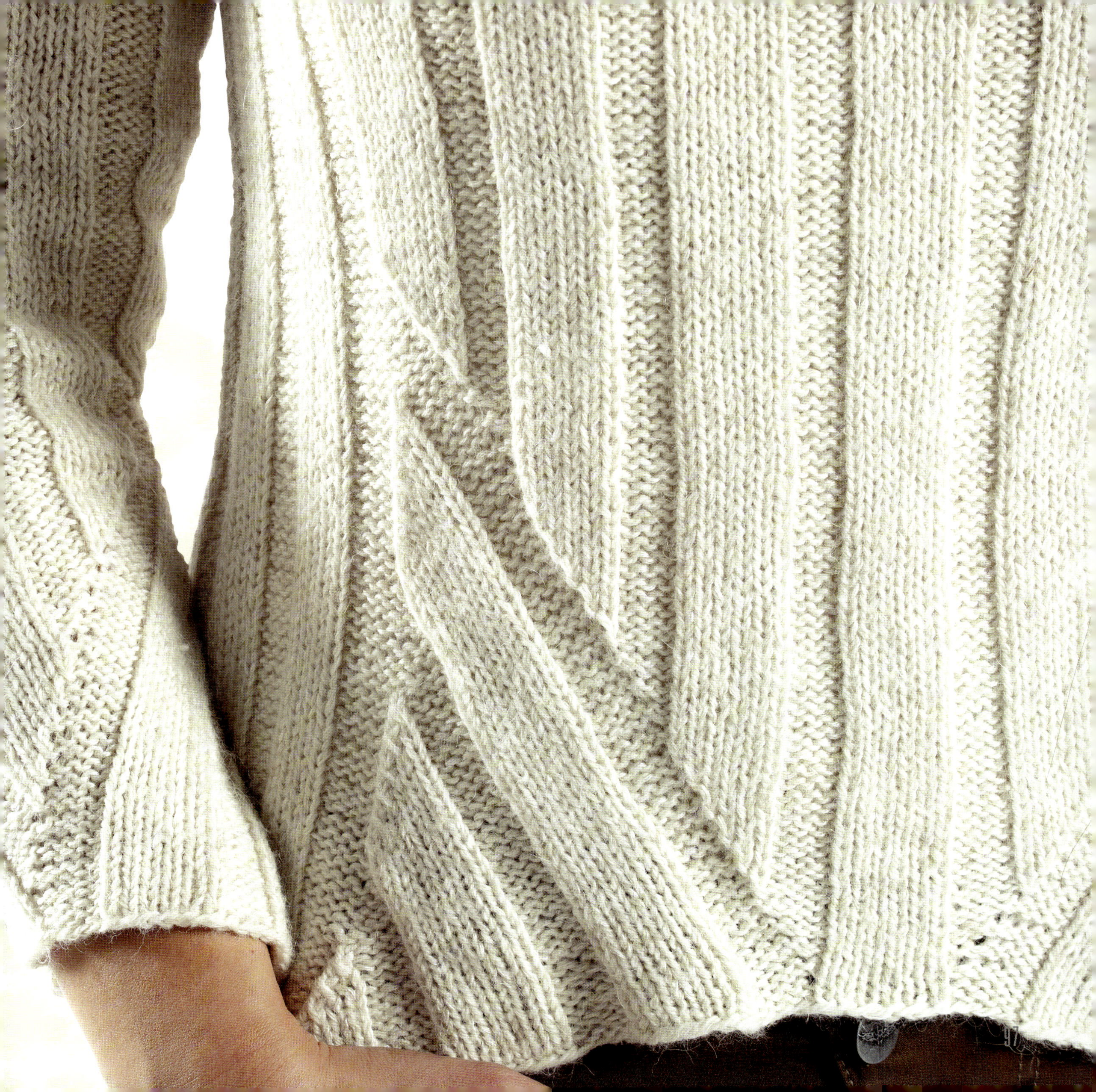

Wenn zw Abn und Zun keine M mehr vorhanden sind, eine "leicht versetzte" Abn str:
14 (18) 15 (18) M in Rippen – 2 M li zus – 1 neue M re – 64 (64) 74 (74) M in Rippen – 1 neue M re – 2 M li zus – 14 (18) 15 (18) M in Rippen.

Nun in Rippen weiterstr, bis die Arbeit an den Seiten 38 cm misst.
Die letzte R muß eine RückR sein.

Für den Armausschnitt wie am Rücken abk.

ÄRMEL
48 (52) 58 (62) M mit Nd Nr. 4 anschl.
In R hin und her str.
Reihe 1 (RückR): 1 (3) 1 (3) M re – 6 M li – *4 M re – 6 M li*. Von * bis * insg 4 (4) 5 (5) Mal str.
Enden mit: 1 (3) 1 (3) M re.

Reihe 2: 1 M re – 0 (2) 0 (2) M li – 6 M re – *4 M li – 6 M re*. Von * bis * insg 4 (4) 5 (5) Mal str.
Enden mit: 0 (2) 0 (2) M li – 1 M re.

Reihe 3: Wie Reihe 1.
Im Rippenmuster weiterstricken, aber nun mit Ab- und Zunahmen.
Reihe 4: 1 M re – 2 M re zus (2 M li zus) 2 M re zus (2 M li zus) – 18 (20) 18 (20) M in Rippen – 1 neue M li – 6 M re – 0 (0) 4 (4) M li – 0 (0) 6 (6) M re – 1 neue M li – 18 (20) 18 (20) M in Rippen – 2 M re verschr zus (2 M li zus) 2 M re verschr zus (2 M li zus) – 1 M re.

Reihe 5: Die erste und letzte M re str. In Rippen str. Die neuen M re str.
Reihe 6: 1 M re – 2 M re zus – 17 (19) 17 (19) M in Rippen – 1 neue M li – 8 (8) 18 (18) M in Rippen – 1 neue M li – 17 (19) 17 (19) M in Rippen – 2 M re verschr zus – 1 M re.
Reihe 7: Wie Reihe 5.

Mit den Ab- und Zunahmen fortsetzen.
Wenn bei den Zun 4 neue Linksmaschen gestr sind, werden die nächsten 6 neuen M re gestr.
In jeder HinR erhöht sich die Maschenanzahl in dem Mittelteil um 2 M.

Die Abnahmestellen ergeben sich aus dem Rippenmuster
Werden die Ärmel breiter gewünscht, kann jede 5. (4.) 5. (4.) Abn weggelassen werden = in jeder 10. (8.) 10. (8.) R.
Wenn zw Ab- und Zunahme keine M mehr sind, rücken die Abn ganz an den Rand, so dass die 2 ersten und 2 letzten M zus gestr werden.
Die letzte Zun str.

Nun in Rippen weiterstr. In jeder 10. (8.) 10. (8.) R beidseitig 1 M zun, dafür den Querfaden zw RM und daneben liegender M verdreht auf die li Nd nehmen und str. Die neuen M in das Rippenmuster einfügen.

Mit Zun weiterstricken, bis es 68 (76) 78 (86) M sind und der Ärmel 43 cm misst.
Die letzte R muss eine RückR sein.

Für den Armausschnitt in der nächsten R 7 (11) 7 (11) M abk= 61 (65) 71 (75) M.
Auch in der folgenden R 7 (11) 7 (11) M abk = 54 (54) 64 (64) M.
Die Fäden abschneiden.
Den Ärmel zur Seite legen.

Den zweiten Ärmel auf die gleiche Weise str, jedoch die Fäden nicht abschneiden.

RAGLAN
In Rippen weiterstr.
Eine HinR str:
54 (54) 64 (64) Ärmelmaschen str – 82 (82) 92 (92) Vorderteilmaschen str – 54 (54) 64 (64) Ärmelmaschen str – 82 (82) 92 (92) Rückenmaschen str = 272 (272) 312 (312) M.

54 (54) 64 (64) M vom 1. Ärmel str. Hier eine Markierung setzen = Rundenbeginn.
Nun in Rd weiterstricken.

Runde 1 mit Abnahme: *4 M re – 4 M li – 2 M re zus – 62 (62) 72 (72) M in Rippen – 2 M re verschr zus – 4 M li – 4 M re – 4 M li – 2 M re zus – 42 (42) 52 (52) M in Rippen – 2 M re verschr zus – 4 M li*. Von * bis * noch 1 Mal str.

Runde 2: 264 (264) 304 (304) M in Rippen.

Runde 3 mit Abnahme: *4 M re – 4 M li – 2 M re zus – 60 (60) 70 (70) M in Rippen – 2 M re verschr zus – 4 M li – 4 M re – 4 M li – 2 M re zus – 40 (40) 50 (50) M in Rippen – 2 M re verschr zus – 4 M li*. Von * bis * noch 1 Mal str.
Runde 4: 256 (256) 296 (296) M in Rippen.

Weiterhin mit Abn in jeder 2. Rd str.
Für die richtige Rippenabfolge nach 5 Abn für die Raglanabnahmen 4 Mal 2 M li zus str.
Danach für die Abn wieder 2 M re zus und 2 M re verschr zus str. Die Abn erfolgen immer beidseitig der 12 Raglanmaschen.
Weiterstricken, bis insg 13 (13) 16 (16) Abnahmerunden gestr sind = 168 (168) 184 (184) M.
Direkt nach einer Abnahmerunde enden.

Für den Halsausschnitt mit Wenden str.
Im Rippenmuster weiterstricken.
Reihe 1: Ohne Abn 26 (26) 28 (28) M str. Die Strickarbeit wenden.
Reihe 2 (RückR): 1 verschr U um die re Nd legen. 164 (164) 180 (180) M str = 4 M in der Mitte, die nicht gestr werden. Wenden.

Reihe 3: 1 verschr U – 16 (16) 18 (18) M str – 2 M zus – 4 M li – 4 M re – 4 M li – 2 M zus – 16 (16) 20 (20) M – 2 M zus – 4 M li – 4 M re – 4 M li – 2 M zus – 36 (36) 40 (40) M – 2 M zus – 4 M li – 4 M re – 4 M li – 2 M zus – 16 (16) 20 (20) M – 2 M zus – 4 M li – 4 M re – 4 M li – 2 M zus – 14 (14) 16 (16) M = 2 M + U vor der letzten Wende. Wenden.

Reihe 4 (RückR): 1 verschr U – 152 (152) 168 (168) M bis 2 M + U vor der letzten Wende str. Wenden.
Reihe 5: 1 verschr U – mit Abn am Raglan bis 2 M + U vor der letzten Wende str. Wenden.

Reihe 6 (RückR): 1 verschr U – 140 (140) 156 (156) M bis 2 M + U vor der letzten Wende str. Wenden.
Reihe 7: 1 verschr U – mit Abn bis 2 M + U vor der letzten Wende str. Wenden.
Reihe 8: 1 verschr U – 128 (128) 144 (144) M str = 2 M + U vor der letzten Wende str. Wenden.

Reihe 9: 1 verschr U – mit Abn bis 2 M + U vor der letzten Wende str. Wenden.
Reihe 10: 1 verschr U – 116 (116) 132 (132) M str = 2 M + U vor der letzten Wende. Wenden.

Reihe 11: 1 verschr U – mit Abn bis 2 M + U vor der letzten Wende str. Wenden.
Reihe 12: 1 verschr U – 104 (104) 120 (120) M str = 2 M + U vor der letzten Wende. Wenden.

Gr. S (M): Weiterlesen bei Reihe 15.
Gr. L (XL):
Reihe 13: 1 verschr U – mit Abn bis 2 M + U vor der letzten Wende str. Wenden.
Reihe 14: 1 verschr U – 108 (108) M str = 2 M + U vor der letzten Wende. Wenden.

Alle Gr.:
Reihe 15: 1 verschr U – mit Abn bis 4 M + U vor der letzten Wende str.
2 M li zus str. Wenden.
Reihe 16: 1 verschr U – 92 (92) 96 (96) M str = 2 M + U vor der letzten Wende. Wenden.

Reihe 17: 1 verschr U – 12 (12) 11 (11) M str – mit Abn bis 2 M + U vor der letzten Wende str. Wenden.
Reihe 18: 1 verschr U – 82 (82) 86 (86) M str = 2 M + U vor der letzten Wende. Wenden.
Reihe 19: 1 verschr U – mit Abn bis 2 M + U vor der letzten Wende str. Wenden.
Reihe 20: 1 verschr U – 72 (72) 76 (76) M = 2 M + U vor der letzten Wende. Wenden.

Reihe 21: 1 verschr U – mit Abn bis 2 M + U vor der letzten Wende str. Wenden.
Reihe 22: 1 verschr U – 62 (62) 66 (66) M str = 2 M + U vor der letzten Wende. Wenden.

HALSRAND
Zu Ärmelnadeln 3½ wechseln.
In einer HinR rund weiterstricken.
1 verschr L. 62 (62) 66 (66) M re über die Ärmel str – Rücken – den Ärmel bis zum ersten U.
Den U mit der nächsten M re zus str – 1 M re str.
Von * bis * wdh, bis zur vorderen Mitte.
Die 2 mittleren M re str. *Die nächste M mit dem U re verschr zus str – 1 M re*. Von * bis * wdh, bis keine U mehr vorhanden sind.

6 Rd re str
Alle M abk.

FERTIGSTELLUNG
Die Fäden vernähen.
Die Seitennähte zusammennähen. Die Ärmel zusammennähen.
Am Armausschnitt die abgeketteten M von Ärmel und Körper zusammennähen.

Den Pullover anfeuchten und evtl. in der Waschmaschine leicht schleudern. Einen Besenstiel durch die Ärmel stecken und den Pullover damit eine Stunde aufhängen. Danach den Pullover flach auf einer weichen Unterlage auslegen, in Form ziehen und ganz trocknen lassen.

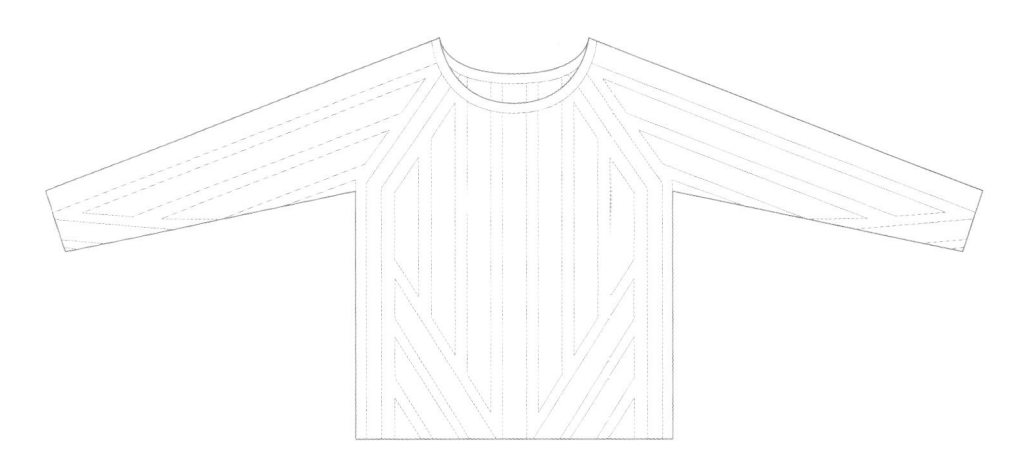

WP JQ - 8275
ALKMAAR
HappyTuk Tuk and Happy Taxi
Happy Tours
Anna and Politha Tours
BAJAJ
Spice Garden
Plantation
ENGLAND

TUK TUK

Gr.: S (M) L (XL)

Halbe Oberweite: 44 (47) 50 (53) cm
Schulterbreite: 32 (34) 36 (38) cm
Halbe Taille: 37 (40) 43 (45) cm
Länge: 85 (87) 90 (92) cm
Ärmellänge innen: 44 cm

MATERIAL

A: 100 g Highland Farbe Chocolat
B: 100 g Highland Farbe Ocean
C: 50(50)100(100) g Tvinni Farbe 60s
D: 50 g Highland Farbe Moss
E: 50 g Highland Farbe Sky
F: 50 g Highland Farbe Turquise
G: 50 g Highland Farbe Greece
H: 50 g Highland Farbe Chili
I: 50 g Highland Farbe Rose
J: 50 g Highland Farbe Curry
K: 50 g Highland Farbe Ivory oder Tvinni 59
Alle Farben jeweils mit 2 Fäden stricken.

8 Knöpfe

Rundnadel und Nadelspiel Nr 3½ und 4

Maschenprobe in glatt rechts und Nd Nr. 4:
10 cm = 20 M und 26 R
Maschenprobe im doppelten Perlmuster und Nd Nr. 4:
10 cm = 20 M und 28 R

Die Jacke wird in der ganzen Breite (Rechtes Vorderteil–Seitenteil–Rücken–Seitenteil–Linkes Vorderteil) von unten nach oben gestrickt.

KÖRPER
Mit Rundnadel Nr. 4 anschl.
Mit 6 verschiedenen Farben hintereinander anschl. Erst nach der ersten Strickreihe hängen die Farben zusammen.
47 (48) 51 (54) M mit Fa B anschl – 36 (38) 40 (40) M mit Fa D anschl – 38 (41) 42 (45) M
mit Fa C anschl – 38 (41) 42 (45) M mit Fa E anschl – 36 (38) 40 (40) M mit Fa A anschl – 47 (48) 51 (54) M
mit Fa G anschl = 242 (254) 266 (278) M.

Im doppelten Perlmuster str.
Reihe 1 (RückR): *1 M re – 1 M li*. Von * bis * über alle 6 Farben wdh. Auch über den Farbwechsel hinweg immer abwechselnd 1 M re und 1 M li str. Über die ganze Breite im Perlmuster weiterstr. Die R mit 2 M re beenden. Bei einem Farbwechsel die Fäden auf der Rückseite verkreuzen (Gobelintechnik), um Löcher zw den Farben zu vermeiden.
Reihe 2: 2 M re – *1 M li – 1 M re*. Von * bis * wdh.
Reihe 3: Wie Reihe 2.
Reihe 4: Wie Reihe 1.

Die Farbabfolge ist im Diagramm abgebildet.
Das Diagramm zeigt nur die HinR.
Der Farbwechsel erfolgt immer in einer HinR.
Nur der erste Farbwechsel erfolgt in einer ungeraden R, da die erste R ein RückR ist.

Reihe 1 – 4 wdh, bis insg 33 R gestr sind.
Nach einer RückR enden.

Nun Abn an beiden Seiten der Farbwechsel str.
Ob die M re oder li zus gestr werden ergibt sich aus dem Perlmuster.
1. Abnahme: 45 (46) 49 (52) M – 2 M zus – 2 M zus – 32 (34) 36 (36) M – 2 M zus – 2 M zus – 72 (78) 80 (86) M – 2 M zus – 2 M zus – 32 (34) 36 (36) M – 2 M zus – 2 M zus – 45 (46) 49 (52) M.

9 R str.
2. Abnahme: 44 (45) 48 (51) M – 2 M zus – 2 M zus – 30 (32) 34 (34) M – 2 M zus – 2 M zus – 70 (76) 78 (84) M – 2 M zus – 2 M zus – 30 (32) 34 (34) M – 2 M zus – 2 M zus – 44 (45) 48 (51) M.

7 R str.

3. Abnahme und 1. Knopfloch str: 2 M str – 2 M zus – 2 neue M anschl – 2 M zus – die R mit der 3. Abn an gleicher Stelle wie bisher weiterstricken.

Das Knopfloch in jeder 20. R wdh. Siehe Diagramm.
Die Abn wie bisher gemäß Diagramm insg 10 Mal str = 162 (174) 186 (198) M.
Vorderteile: 37 (38) 41 (44) M.
Seitenteile: 16 (18) 20 (20) M.
Rücken: 56 (62) 64 (70) M.

Die Arbeit misst ca. 44 cm.
11 R str.

Nun Zunahmen str. Die neuen M nach und nach in das Muster einfügen.
1. Zunahme: 36 (37) 40 (43) M – 1 neue M, dafür den Querfaden zw den M auf die li Nd nehmen und verschr str – 2 M – 1 neue M – 14 (16) 18 (18) M – 1 neue M – 2 M – 1 neue M – 54 (60) 62 (68) M – 1 neue M – 2 M – 1 neue M – 14 (16) 18 (18) M – 1 neue M – 2 M – 1 neue M – 36 (37) 40 (43) M.
9 R str.

2. Zunahme: 37 (38) 41 (44) M – 1 neue M – 2 M – 1 neue M – 16 (18) 20 (20) M – 1 neue M – 2 M – 1 neue M – 56 (62) 64 (70) M – 1 neue M – 2 M – 1 neue M – 16 (18) 20 (20) M – 1 neue M – 2 M – 1 neue M – 37 (38) 41 (44) M.

9 R str.

Die Zun gemäß Diagramm insg 5 Mal str = 202 (214) 226 (238) M.
Vorderteile: 42 (43) 46 (49) M.
Seitenteile: 26 (28) 30 (30) M.
Rücken: 66 (72) 74 (80) M.
Die Arbeit misst ca. 65 cm.

In der nächsten RückR für die Armausschnitte in der Mitte der Seitenteile abk: 53 (55) 59 (62) M – 4 M abk – 88 (96) 100 (106) M (die 1. M ist bereits auf der Nd) – 4 M abk – 53 (55) 59 (62) M (die 1. M ist bereits auf der Nd).
Die Vorderteile und den Rücken für sich fertig str.

Die Streifen der Seitenteile so lange wie möglich weiterstricken. Das ist im Diagramm nicht genau abgebildet. Auch Halsausschnitt und Schulterschrägen sind im Diagramm nicht genau abgebildet. Dafür der geschriebenen Anleitung folgen. Die Farben immer in den HinR wechseln.

RECHTES VORDERTEIL
Am Armausschnitt 1 Mal 3 M abk = 50 (52) 56 (59) M.
Am Armausschnitt 2 Mal 2 M abk = 46 (48) 52 (55) M.
4 (5) 6 (6) Mal 1 M abk = 42 (43) 46 (49) M.

Nach dem letzten Abk 5 (3) 1 (1) R str.
Die Farbe in der RückR wechseln, nicht in der HinR.

HALSAUSSCHNITT
Für den Halsausschnitt mit Wenden str.
Bei einem Farbwechsel beg die HinR anstelle eines U mit einer extra angeschlagenen M.

Reihe 1: Ab Armausschnitt in einer RückR 38 (39) 42 (45) M str. Wenden.
Reihe 2: 1 verschr U. 38 (39) 42 (45) M str.
Reihe 3: in der RückR 34 (35) 38(41) M str. Wenden.
Reihe 4: 1 verschr U. 34 (35) 38 (41) M str.
Reihe 5: 31 (32) 35 (38) M str. Wenden.
Reihe 6: 1 verschr U. 31 (32) 35 (38) M str.
Reihe 7: 28 (29) 32 (35) M str. Wenden.
Reihe 8: 1 verschr U. 28 (29) 32 (35) M str.
Reihe 9: 25 (26) 29 (32) M str. Wenden.
Reihe 10: 1 verschr U. 25 (26) 29 (32) M str.
Reihe 11: 23 (24) 27 (30) M str. Wenden.
Reihe 12: 1 verschr U. 23 (24) 27 (30) M str.
Reihe 13: 21 (22) 25 (28) M str. Wenden.
Reihe 14: 1 verschr U. 21 (22) 25 (28) M str.
Reihe 15: 20 (21) 23 (26) M str. Wenden.
Reihe 16: 1 verschr U. 20 (21) 23 (26) M str.
Reihe 17: 19 (20) 22 (24) M str. Wenden.

Reihe 18: 1 verschr U. 19 (20) 22 (24) M str.
Reihe 19: 18 (19) 21 (23) M str. Wenden.
Reihe 20: 1 verschr U. 18 (19) 21 (23) M str.
Reihe 21: 17 (18) 20 (22) M str. Wenden.
Reihe 22: 1 verschr U. 17 (18) 20 (22) M str.
Reihe 23: 16 (17) 19 (21) M str. Wenden.
Reihe 24: KEINEN verschr U. 16 (17) 19 (21) M str.

4 (8) 12 (16) R über die letzten 16 (17) 19 (21) M str.
Die übrigen M für den HALSRAND liegen lassen.

Ab Armausschnitt für die Schulterschräge abk.
5 (5) 6 (7) M abk. Die letzten 11 (12) 13 (14) M str.
Wenden und zurück str.
5 (6) 6 (7) M abk. Die letzten 6 (6) 7 (7) M str. Wenden
und zurück str. Alle M abk.

LINKES VORDERTEIL
Mit dem Abk für den Armausschnitt in einer HinR beg.
Für den Armausschnitt wie am RECHTEN VORDERTEIL abk.

Noch 5 (3) 1 (1) R nach dem letzten Abk str. Wie beim
RECHTEN VORDERTEIL fertig str.

RÜCKEN
Mit einer HinR beg.
Für den Armausschnitt beidseitig 2 Mal 2 M abk = 80
(88) 92 (98) M.
Beidseitig 7 (8) 9 (9) Mal 1 M abk = 66 (72) 74 (80) M.

Bis einschließlich der 0 (4) 8 (12) R in Fa E gemäß
Diagramm str = vor dem NACKEN.

Ab Armausschnitt für die Schulterschräge abk.
5 (5) 6 (7) M abk. 11 (12) 13 (14) M str. Wenden und
zurück str.
5 (6) 6 (7) M abk. 6 (6) 7 (7) M str. Wenden und zurück
str. Alle M abk.

Die mittleren 34 (38) 38 (38) M für den HALSRAND
ruhen lassen.

Die zweite Schulter auf die gleiche Weise str.

HALSRAND
Die Schultern von Rücken und Vorderteilen von der Außenseite zusammennähen.

Zu Nd Nr. 3½ wechseln.
In einer HinR mit Fa A ab dem RECHTEN VORDERTEIL str:
3 M re str – die nächste M mit dem U re verschr zus str.
Re bis zu der M vor dem nächsten U str, auch diese mit dem U re verschr zus str. Dies wdh, bis keine U mehr vorhanden sind – 1 M re = 26 (26) 27 (28) M.
12 (14) 17 (18) M aus dem geraden Stück vor den Nackenmaschen heraus str – die 34 (38) 36 (38) Nackenmaschen im Perlmuster str. 12 (14) 17 (18) M aus dem geraden Stück heraus str.
1 M re str – den U mit der nächsten M re zus str. Alle U mit der nächsten M re zus str.
Enden mit 3 M re = 110 (118) 124 (130) M.

Reihe 1 (RückR): *1 M re – 1 M li*. Von * bis * wdh. Enden mit 2 M re.
Reihe 2: 1 M re – *1 M re – 1 M li*. Von * bis * wdh. Enden mit 1 M re.

Reihe 3: 2 M re zus str – rechts über re M str und links über li M str.
Reihe 4 mit Knopfloch: 2 M re zus str – 2 M re verschr zus str – 2 neue M anschl – 2 M li zus str – rechts über re M str und links über li M str.

Reihe 5: Wie Reihe 3.
Reihe 6: 2 M re zus str – rechts über re M str und links über li M str.

Reihe 7: Wie Reihe 3.
Reihe 8: Wie Reihe 6.

Alle M in Rippen abk.

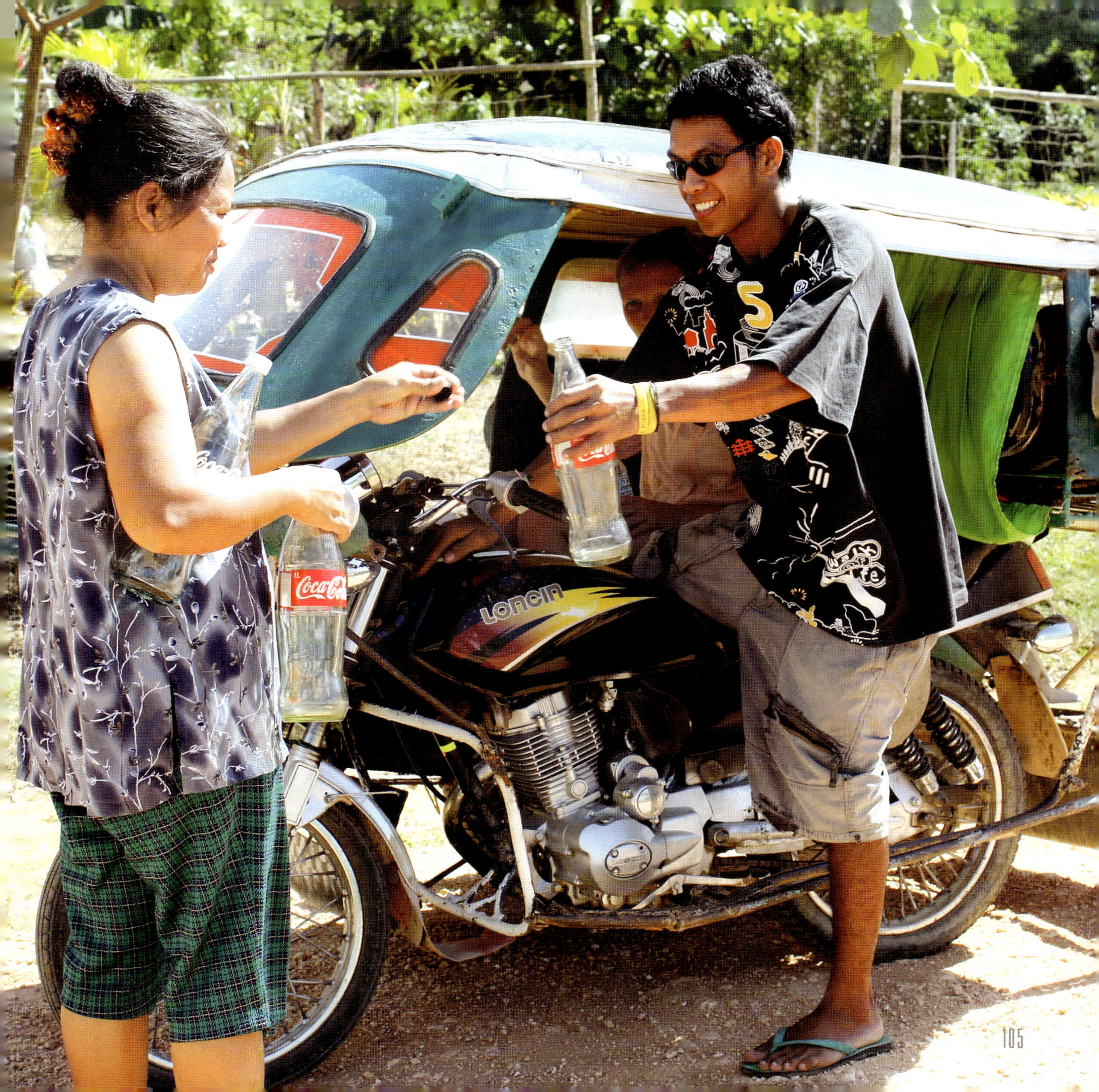
LONCIN

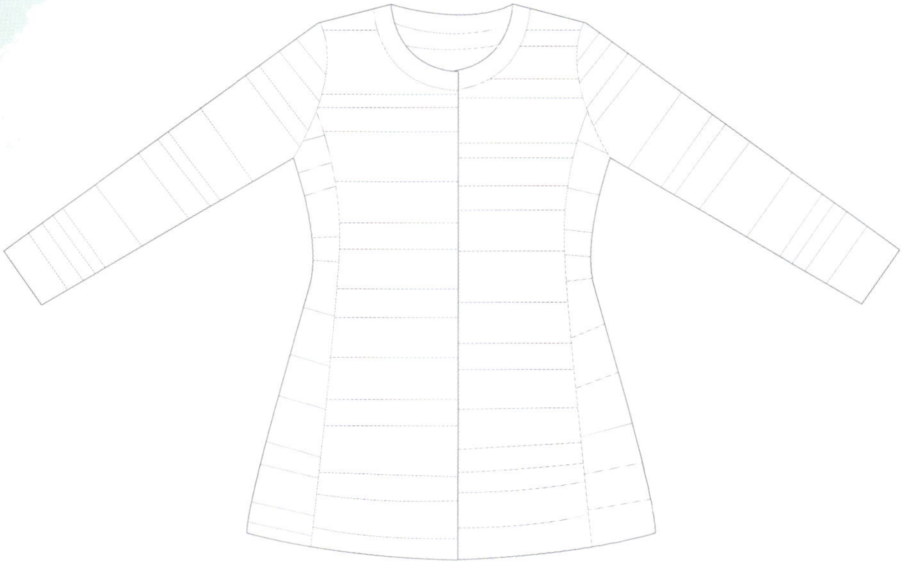

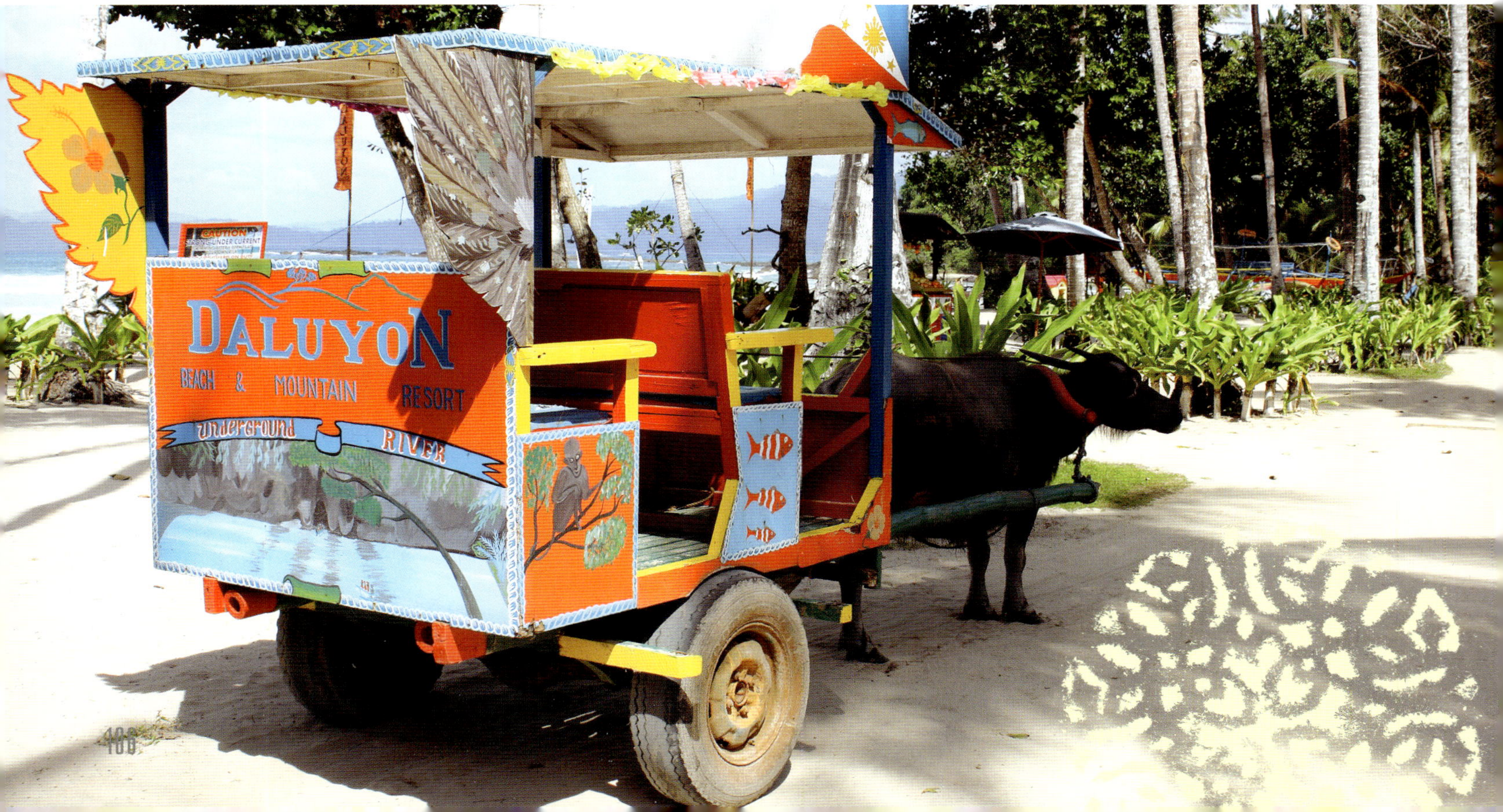
DALUYON
BEACH & MOUNTAIN RESORT
Underground RIVER
CAUTION

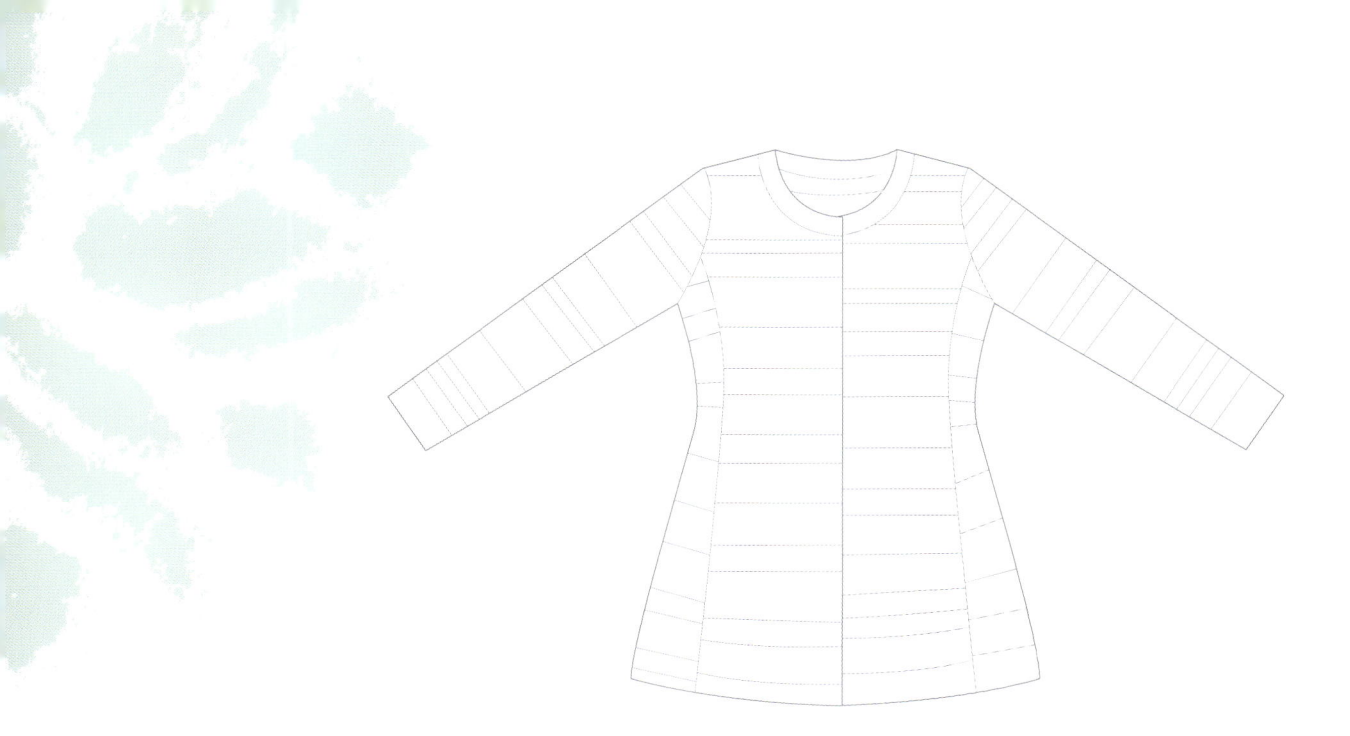

ÄRMEL

Die restlichen Farben in der gewünschten Reihenfolge auslegen. Die gleiche Farbe geht über die gesamte Ärmelbreite – es gibt keine Bahnen wie am Körper. Der größte Rest sollte für den Anfang und das Ende des Ärmels verwendet werden.

Die Streifen wie am Körper str und dabei zwischen einer Streifenhöhe von 6, 10 und 16 R wählen. Die Streifen müssen nicht unbedingt die gleiche Höhe wie am Körper haben.

Der erste Streifenwechsel muß nach einer ungeraden Zahl an Runden erfolgen (entweder R 5, 9 oder 15). Sollen die Ärmel gleich werden, können sie gleichzeitig gestrickt werden. So werden auch die restlichen Farben gleichmäßig verbraucht.

44 (48) 48 (52) M mit Nadelspiel Nr. 4 anschl und in Rd str.
Runde 1: *1 M re – 1 M li*. Von * bis * wdh.
Runde 2: *1 M li – 1 M re*. Von * bis * wdh.
Runde 3: Wie Reihe 2.
Runde 4: Wie Reihe 1.
Runde 1 – Runde 4 wdh, bis insg 20 Rd gestr sind.
ZUNAHME: 1 M re –1 neue M aus dem Querfaden str – 42 (46) 46 (50) M im Muster str – 1 neue M – 1 M re. Die Zunahmen in jeder 8. (8.) 6. (6.) Rd wdh, bis es 66 (70) 74 (78) M in einer Rd sind. Die neuen M nach und nach in das Muster einfügen.

Weiterstricken, bis der Ärmel 44 cm misst.
Unter dem Ärmel teilen und in R hin und her str.
Am Anfang der Rd 3 M abk – die Rd zu Ende str.
Wenden und wieder 3 M abk – die R zu Ende str = 60 (64) 68 (72) M.
Beidseitig abk:1 Mal 2 M abk = 56 (60) 64 (68) M.
15 (16) 17 (18) Mal 1 M abk = 26 (28) 30 (32) M.
2 (2) 3 (3) Mal 2 M abk = 18 (20) 18 (20) M.
1 Mal 3 M abk = 12 (14) 12 (14) M.
Die letzten M abk.
Den Zweiten Ärmel auf die gleiche Weise str.

FERTIGSTELLUNG

Die Ärmel in die Armausschnitte nähen. Die Fäden vernähen. Die Knöpfe annähen. Evtl. 4 große Kreuzstiche unten in die Mitte des Rückens sticken.

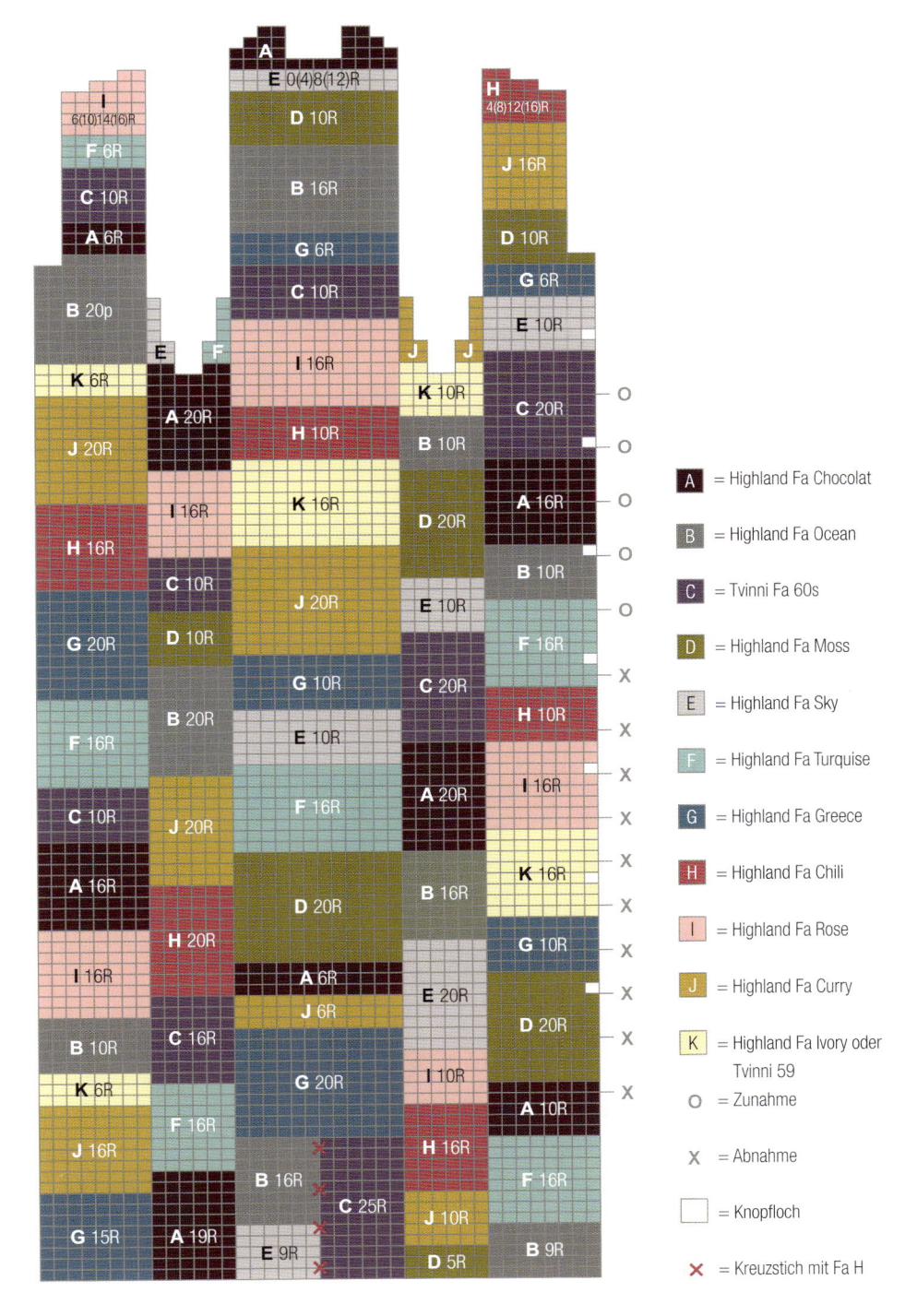

A	= Highland Fa Chocolat
B	= Highland Fa Ocean
C	= Tvinni Fa 60s
D	= Highland Fa Moss
E	= Highland Fa Sky
F	= Highland Fa Turquise
G	= Highland Fa Greece
H	= Highland Fa Chili
I	= Highland Fa Rose
J	= Highland Fa Curry
K	= Highland Fa Ivory oder Tvinni 59
O	= Zunahme
X	= Abnahme
	= Knopfloch
x	= Kreuzstich mit Fa H

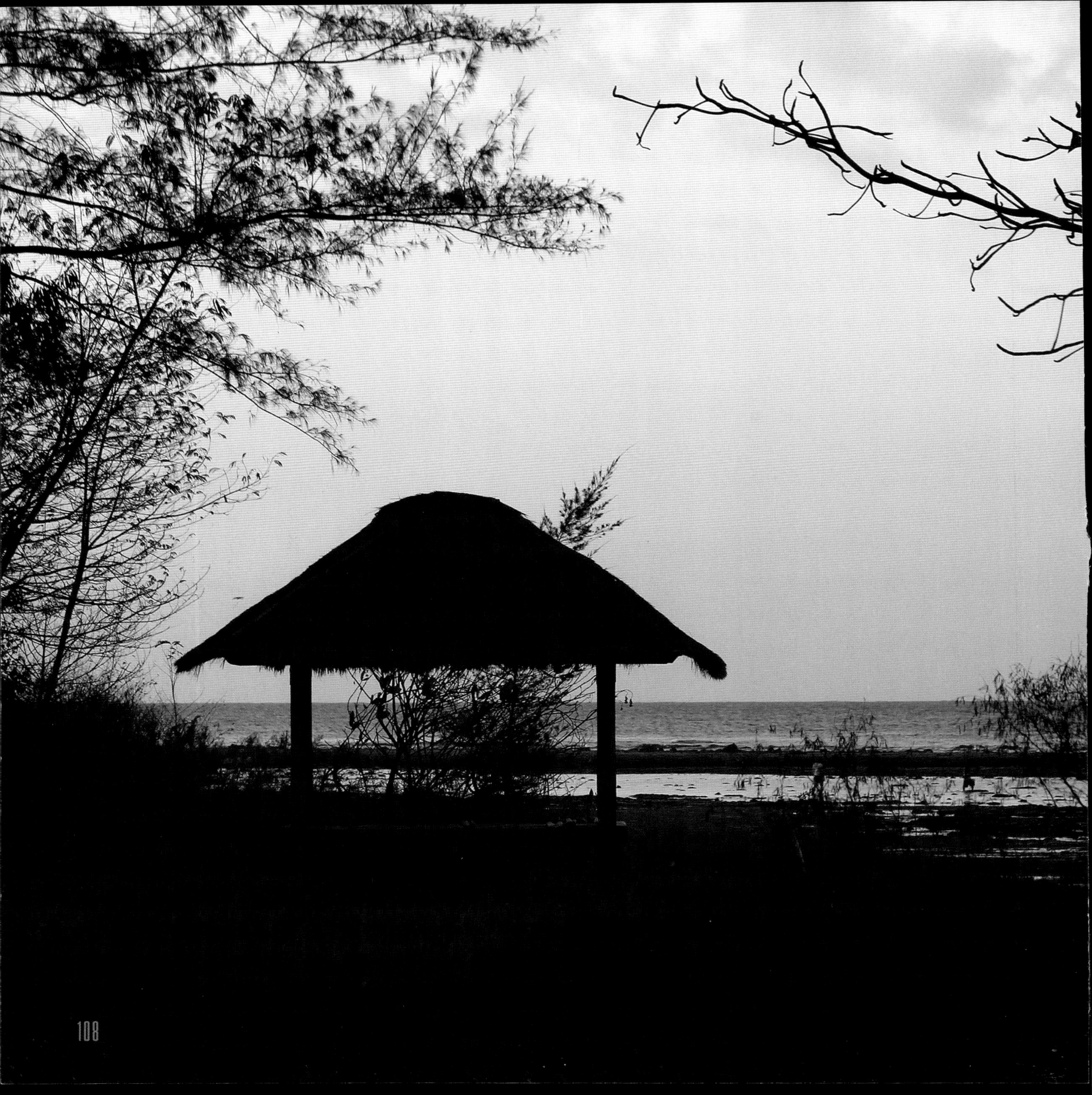

TROPENNACHT

Gr.: S (M) L (XL)

Halbe Oberweite: 44 (48) 52 (57) cm
Länge Rückenmitte: 64 (66) 66 (67) cm
Ärmellänge innen: 41 (45) 45 (45) cm

MATERIAL

A: 100 (125) 150 (150) g Silk Mohair Farbe 47
B: 150 (150) 150 (200) g Isager Alpaca 1 Farbe 47
Diese zwei Fäden zusammen stricken

5 Knöpfe

Rundnadel Nr. 3 und Nr. 4

Maschenprobe in glatt rechts mit Nd Nr. 4:
10 cm = 23 M und 28 R
Maschenprobe im Muster mit Nd Nr. 4:
10 cm = 24 M und 30 R

Kleines Zopfmuster:
VORNE: Zuerst die zweite Masche re und vor der ersten M str – nicht von der li Nd heben. Die erste M re str. Beide M zusammen von der Nd heben.
HINTEN: Zuerst die zweite M re verschr hinter der ersten M str – Nicht von der Nd heben. Die erste M re str. Beide M zusammen von der Nd heben.

Die Jacke wird in der ganzen Breite von unten nach oben gestrickt.

KÖRPER
209 (225) 241 (257) M mit A + B und Nd Nr. 4 anschlagen.
In Reihen hin und her str.

MUSTER
Die äußersten M in allen R re str.
Reihe 1 (HinR): 1 M re – *1 M li – 5 M re – 1 M li – 1 M re*. Von * bis * wdh.
Reihe 2: 1 M re – *HINTEN – 3 M li – VORNE – 1 M li*. Von * bis * wdh. Enden mit: HINTEN – 3 M li – VORNE – 1 M re.
Reihe 3: 2 M re – *1 M li – 3 M re*. Von * bis * wdh. Enden mit: 1 M li – 2 M re.
Reihe 4: 1 M re – 1 M li – * HINTEN – 1 M li – VORNE – 3 M li*. Von * bis * wdh. Enden mit: HINTEN – 1 M li – VORNE – 1 M li – 1 M re.
Reihe 5: 3 M re – *1 M li – 1 M re – 1 M li – 5 M re*. Von * bis * wdh. Enden mit: 1 M li – 1 M re – 1 M li – 3 M re.
Reihe 6: 1 M re – 2 M li – *1 M re – 1 M li – 5 M li*. Von * bis * wdh. Enden mit: 1 M re – 1 M li – 1 M re – 2 M li – 1 M re.
Reihe 7: Wie Reihe 5.
Reihe 8: 1 M re – 1 M li – *VORNE – 1 M li – HINTEN – 3 M li*. Von * bis * wdh. Enden mit: VORNE – 1 M li – HINTEN – 1 M li – 1 M re.
Reihe 9: Wie Reihe 3.
Reihe 10: 1 M re – *VORNE – 3 M li – HINTEN – 1 M li*. Von * bis * wdh. Enden mit: VORNE – 3 M li – HINTEN – 1 M re.
Reihe 11: Wie Reihe 1.
Reihe 12: 1 M re – *1 M re – 5 M li – 1 M re – 1 M li*. Von * bis * wdh. Enden mit: 1 M re – 5 M li – 2 M re.

Wieder Reihe 1 – Reihe 12 str.
Wieder Reihe 1 – Reihe 11 = 12 cm.
Reihe 12 mit 1. KNOPFLOCH str: 1 M re – *1 M re – 5 M li – 1 M re – 1 M li*. Von * bis * wdh. Enden mit: 1 M re – 1 M li – 2 M li zus – 2 neue M anschl – 2 M li zus – 2 M re.
Reihe 1 – Reihe 12 str.
Reihe 1 – Reihe 11 str = 20 cm.
Reihe 12 mit 2. KNOPFLOCH str, wie das 1. KNOPFLOCH.

Reihe 1 – Reihe 12 str.
Reihe 1 – Reihe 11 str = 28 cm.
Reihe 12 mit 3. KNOPFLOCH str, wie das 1. KNOPFLOCH.

Reihe 1 – Reihe 12 str.
Reihe 1 – Reihe 6 str = 34 cm.

In Reihe 7 für den Armausschnitt abk:
44 (48) 52 (56) M im Muster str – 17 M abk – 87 (95) 103 (111) M str (die 1. M ist bereits auf der Nd) – 17 M abk – 44 (48) 52 (56) M str (die 1. M ist bereits auf der Nd).

Das Körperteil zur Seite legen und die Ärmel str.

ÄRMEL
57 (65) 65 (73) M mit A + B und Nd Nr. 4 anschl.
In R hin und her str

Im MUSTER wie beim Körper str.
Reihe 1 – Reihe 12 str.
Zunahmen in Reihe 1 str: 1 M re – 1 neue M, dafür den Querfaden zw den M verdreht auf die li Nd nehmen und str – *1 M li – 5 M re – 1 M li – 1 M re*. Von * bis * wdh. Enden mit: 1 M li – 5 M re – 1 M li – 1 neue M – 1 M re.

Die Zunahmen in jeder 8. (6.) 6. (6.) R wdh, bis es 81 (97) 97 (105) M sind.
Die neuen M sobald wie möglich in das Muster einfügen.
Die äußersten M immer re str.

Weiterstricken, bis der Ärmel 41 (45) 45 (45) cm misst.
Enden nach einer Reihe 6.

In Reihe 7 für den Armausschnitt abk: 9 M abk – 63 (79) 79 (87) M str (die 1. M ist bereits auf der Nd) – die letzten 9 M abk. Die Fäden abschneiden.

Den zweiten Ärmel auf die gleiche Weise str.

RAGLAN
Im Muster weiterstricken.
Markierungen setzen, wo die Teile aneinandertreffen.
Das Muster wird an den Markierungen gespiegelt.

44 (48) 52 (56) M für das linke Vorderteil str – Markierung – die ersten 63 (79) 79 (87) Ärmelmaschen str – Markierung – 87 (95) 103 (111) Rückenmaschen str – Markierung – die zweiten 63 (79) 79 (87) Ärmelmaschen str – Markierung – die 44 (48) 52 (56) rechten Vorderteilmaschen str.

Es sind insg 301 (349) 365 (397) M.

Im Muster weiterstricken.
In allen HinR Abn str:
2 M vor jeder Markierung verschr zus str und 2 M nach jeder Markierung zus str. Das Muster bestimmt, ob die M re oder li zusammengestrickt werden (li muß nicht verschr zus gestrickt werden).
In jeder Abnahmereihe verringert sich die Anzahl um 8 M.
Das 4. KNOPFLOCH in Reihe 12 str.
Das 5. KNOPFLOCH nach 23 R wieder in einer Reihe 12 str.
Insg 15 Abn str = 181 (229) 245 (277) M.

In der 16. Abnahmereihe beg die Wenden für den Halsausschnitt:

Reihe 1 (HinR): Mit Abn str, bis noch 4 M auf der li Nd sind. Wenden.
Reihe 2: 1 verschr U. 165 (213) 229 (261) M str.
Reihe 3: 1 verschr U. Mit Abn str bis 3 (3) 4 (4) M + U vor der letzten Wende. Wenden.
Reihe 4: 1 verschr U. 151 (199) 213 (245) M str.
Reihe 5: 1 verschr U. Mit Abn str bis 2 (3) 3 (3) M + U vor der letzten Wende. Wenden.
Reihe 6: 1 verschr U. 139 (185) 199 (231) M str.

Reihe 7: 1 verschr U. Mit Abn str bis 2 M + U vor der letzten Wende. Wenden.
Reihe 8: 1 verschr U. 127 (173) 187 (219) M str.

Reihe 9: 1 verschr U. Mit Abn str bis 2 M + U vor der letzten Wende. Wenden.
Reihe 10: 1 verschr U. 115 (161) 175 (207) M.
Reihe 11: 1 verschr U. Mit Abn str bis 2 M + U vor der letzten Wende. Wenden.
Reihe 12: 1 verschr U. 103 (149) 163 (195) M.

Reihe 13: 1 verschr U. Mit Abn str bis 2 M + U vor der letzten Wende. Wenden.
Reihe 14: 1 verschr U. 91 (137) 151 (183) M str.
Reihe 15: 1 verschr U. Mit Abn str bis 2 M + U vor der letzten Wende. Wenden.
Reihe 16: 1 verschr U. 79 (125) 139 (171) M str.

Gr. S: Weiterlesen bei Reihe 23.

Reihe 17: 1 verschr U. Mit Abn str bis 2 M + U vor der letzten Wende. Wenden.
Reihe 18: 1 verschr U. (113) 127 (159) M str.

Gr. (M): Weiterlesen bei Reihe 23.

Reihe 19: 1 verschr U. Mit Abn str bis 2 M + U vor der letzten Wende. Wenden.
Reihe 20: 1 verschr U. 115 (147) M str.

Gr. L: Weiterlesen bei Reihe 23.

Reihe 21: 1 verschr U. Mit Abn str bis 2 M + U vor der letzten Wende. Wenden.
Reihe 22: 1 verschr U. (135) M str.

Reihe 23: 1 verschr U. 2 M str – weiterstricken mit Abn bis 2 M + U vor der letzten Wende = Mitte im Raglan. Wenden.
Reihe 24: 1 verschr U. 69 (103) 105 (125) M str = Mitte im Raglan. Wenden.

Wendestrick über die Ärmelmaschen:
Reihe 25: 1 verschr U. 13 (27) 25 (31) M str. Mit Abn str bis 2 M + U vor der letzten Wende. Wenden.
Reihe 26: 1 verschr U. 61 (95) 97 (117) M str. Wenden.
Reihe 27: 1 verschr U. Mit Abn str bis 1 (2) 2 (2) M + U vor der letzten Wende. Wenden.
Reihe 28: 1 verschr U. 55 (87) 89 (109) M str. Wenden.
Reihe 29: 1 verschr U. Mit Abn str bis 1 (2) 2 (2) M + U vor der letzten Wende. Wenden.
Reihe 30: 1 verschr U. 49 (79) 81 (101) M str. Wenden.
Reihe 31: 1 verschr U. Mit Abn str bis 1 (2) 2 (2) M + U vor der letzten Wende. Wenden.
Reihe 32: 1 verschr U. 43 (71) 73 (93) M str. Wenden.

Reihe 33: 1 verschr U. Mit Abn str bis 1 (2) 2 (2) M + U vor der letzten Wende. Wenden.
Reihe 34: 1 verschr U. 37 (63) 65 (85) M str. Wenden.
Reihe 35: 1 verschr U. Mit Abn str bis 1 (2) 2 (2) M + U vor der letzten Wende. Wenden.
Reihe 36: 1 verschr U. 31 (55) 57 (77) M str. Wenden.

Gr. S: Weiterlesen bei Halsrand.

Reihe 37: 1 verschr U. Mit Abn str bis 2 M + U vor der letzten Wende. Wenden.
Reihe 38: 1 verschr U. (47) 49 (69) M str.
Reihe 39: 1 verschr U. Mit Abn str bis 2 M + U vor der letzten Wende. Wenden.
Reihe 40: 1 verschr U. (39) 41 (61) M str. Wenden.

Str (M)L: Weiterlesen bei Halsrand.

Reihe 41: 1 verschr U. Mit Abn str bis 2 M + U vor der letzten Wende. Wenden.
Reihe 42: 1 verschr U. (53) M str.
Reihe 43: 1 verschr U. Mit Abn str bis 2 M + U vor der letzten Wende. Wenden.
Reihe 44: 1 verschr U. (45) M str. Wenden.

HALSRAND
Zu Nd Nr. 3 wechseln.
Reihe 1: 1 verschr U. 1 M re str – 2 M re zus. Mit Abn über Ärmel und Rücken weiterstricken.
Dabei alle U mit der nächsten M re zus str. Alle M vor den U re str. Die R zu Ende str. Enden mit 7 M re.

Reihe 2: 1 M re str – li str. Nun alle übrigen U mit der nächsten M li zus str.
Die M vor den U li str. Enden mit 1 M re.

4 R glatt str. Mit einer HinR beg.
Alle M abk.
Den Rand einrollen lassen.

FERTIGSTELLUNG
Im Armausschnitt die abgeketteten M von Körper und Ärmeln zusammennähen.
Die Fäden vernähen. Die Knöpfe annähen.

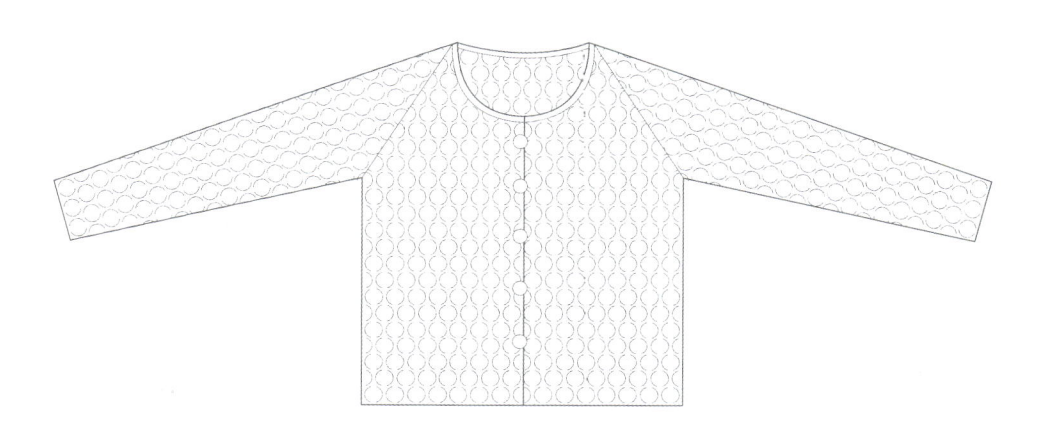

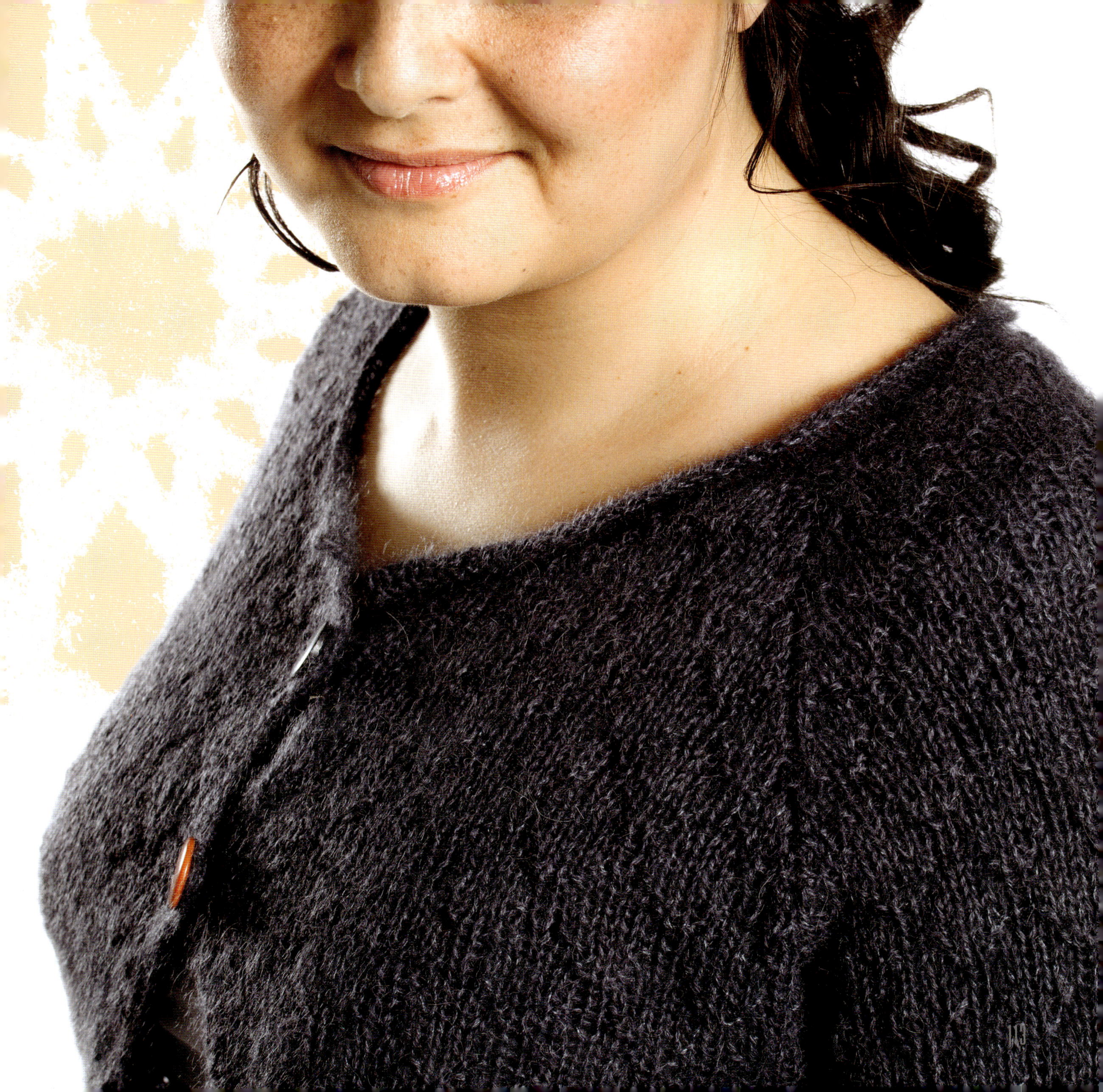

MASCHENPROBE

Die Maschenprobe sollte möglichst mittig in einem Strickteil gemessen werden. Nachfolgend finden Sie ein Beispiel für das Stricken einer Maschenprobe:

Nadel Nr. 3,5
Maschenprobe in kraus rechts gestrickt:
10 cm x 21 M und 42 R

Mit der empfohlenen Nadelstärke mindestens 4 Maschen zusätzlich an jeder Seite anschlagen = 29 M

Mindestens 3 cm zusätzlich in der Höhe stricken = 13 cm stricken.

Nun die Maße mittig in der Maschenprobe 10 x 10 cm messen und die Maschen und Reihen auszählen.

Mehr Maschen und mehr Reihen als angegeben:
Die Maschenprobe mit einer größeren Nadelstärke stricken.

Weniger Maschen und weniger Reihen als angegeben:
Die Maschenprobe mit einer kleineren Nadelstärke stricken.

Mehr Reihen und weniger Maschen – oder umgekehrt:
Die Maschenprobe entweder in der Länge oder in der Breite in Form ziehen.
Einige von uns stricken "breite" Maschen und haben oft Proleme mit der Maschenprobe. Deshalb ist es sehr wichtig, die Maschenprobe schon während des Strickens zurechtzuziehen, um später richtig Maß nehmen zu können.

Es ist wichtig, dass Sie die Maschenprobe in Ihrem Strickteil während dem Stricken noch einmal überprüfen. Die Strickfestigkeit kann sich beim Stricken verändern: Wenn man von einem Nadelspiel auf eine Rundnadel wechselt. Wenn man vom Rundstricken zum Stricken in Reihen wechselt und umgekehrt.
Wenn man die Strickarbeit für eine Weile beiseitelegt.
Die Maschenprobe kann auch unterschiedlich ausfallen, je nachdem, ob man sehr konzentriert oder einfach entspannt drauf los strickt.

Eine Maschenprobe macht nicht viel Spaß – sie ist aber unbedingt notwendig.

STRICKEN FÜR DIE SEELE

Herausgegeben von Annette Danielsen, www.annetted.dk
Originaltitel Østen for Solen
© Annette Danielsen 2013
© Deutsche Ausgabe LV·Buch im
Landwirtschaftsverlag GmbH, 48084 Münster, 2015

Das Werk einschließlich aller seiner Teile ist urheberrechtlich geschützt. Jede Verwertung außerhalb der engen Grenzen des Urheberrechtsgesetzes ist ohne Zustimmung des Verlages unzulässig und strafbar. Das gilt insbesondere für Vervielfältigungen, Übersetzungen und die Einspeicherung und Verarbeitung in elektronischen Systemen. Die Informationen in diesem Buch wurden nach bestem Wissen zusammengestellt. Alle Empfehlungen sind ohne Gewähr seitens des Autors oder des Verlegers, der für die Verwertung dieser Informationen jede Verantwortung ablehnt.

Übersetzung:
Dörte Dietrich, www.wollwerkstatt-kiel.de

Lektorat:
Gabriele Böcher, www.isager-stitches.de

Fotos:
Anne Styrbech, Annette Danielsen

Gestaltung:
Randi Schmidt, www.randis.dk

Titelgestaltung:
Nina Eckes, www.nina-eckes.de

Druck:
Westermann Druck Zwickau GmbH

ISBN 978-3-7843-5352-4

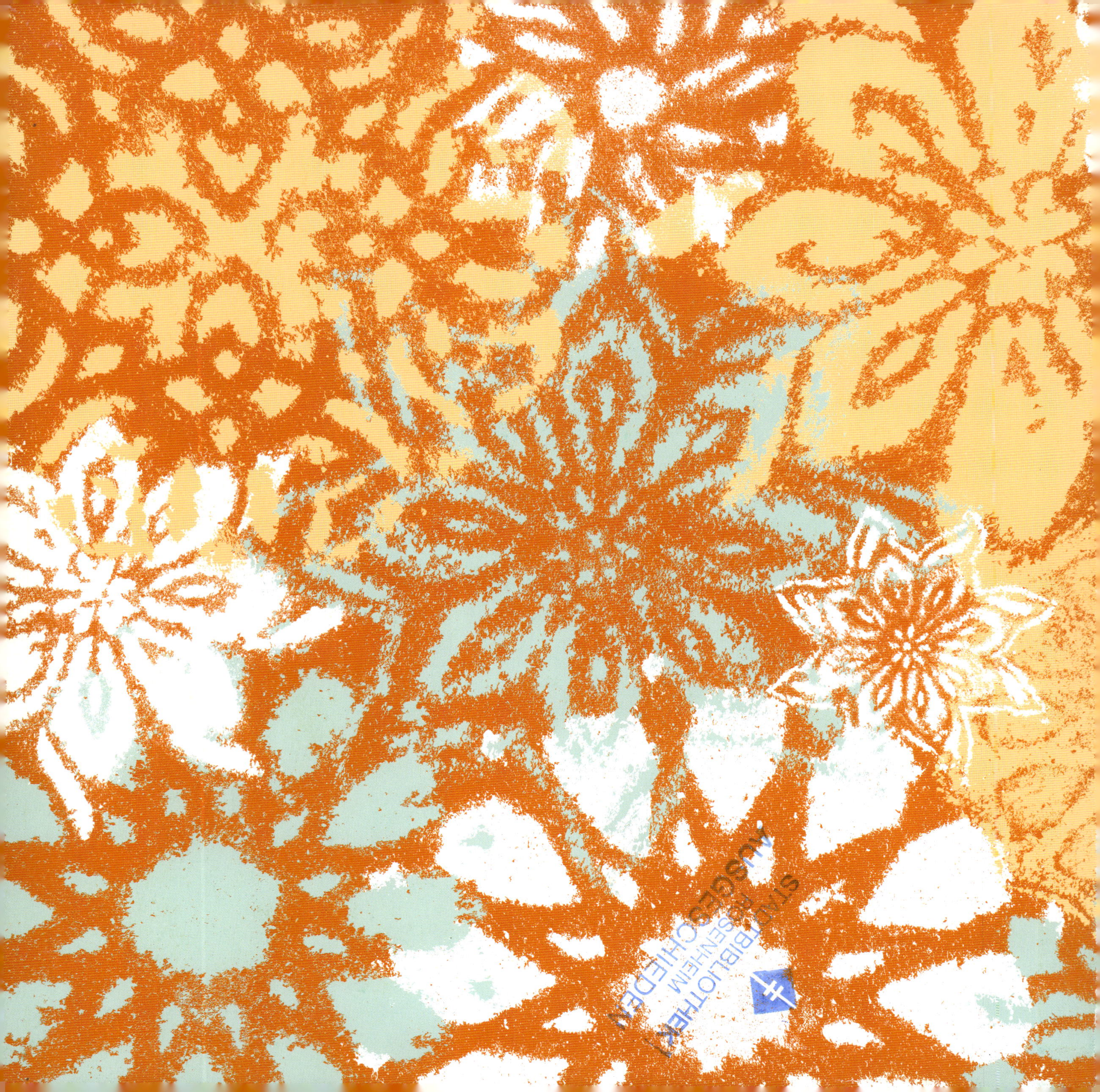

STADTBIBLIOTHEK ROSENHEIM
AUSGESCHIEDEN